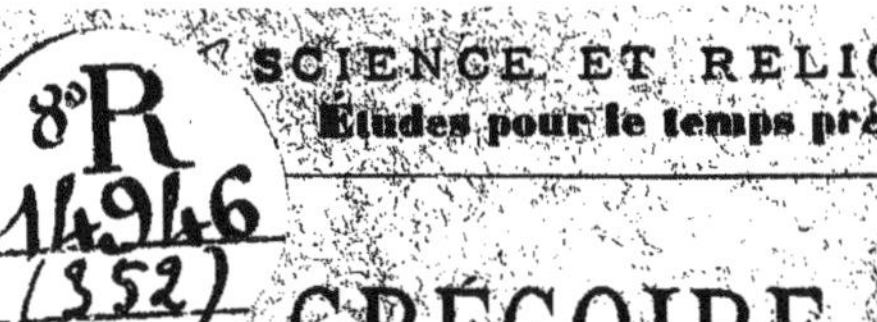

SCIENCE ET RELIGION
Études pour le temps présent

GRÉGOIRE VII
ET
La Réforme du XIe Siècle

PAR
J. BRUGERETTE
Officier d'Académie,
Professeur licencié d'Histoire et de Philosophie.

Deuxième édition

PARIS
LIBRAIRIE BLOUD ET Cie
4, RUE MADAME ET RUE DE RENNES, 59

COLLECTION
« LA PENSÉE CHRÉTIENNE »
TEXTES ET ÉTUDES

GRANDS IN-16 A PRIX VARIÉS

Bonald, par Paul BOURGET, *de l'Académie Française*, et Michel SALOMON, 1 vol. : **3 fr. 50** ; *franco* : **4** francs.

Saint Irénée, par Albert DUFOURCQ, professeur à l'Université de Bordeaux, docteur ès lettres, 1 vol. : **3 fr. 50** ; *franco* : **4** francs.

Tertullien, par l'abbé J. TURMEL, 1 volume : **3 fr. 50** ; *franco* : **4** francs.

Saint Jean Damascène, par V. ERMONI, professeur au Scolasticat des Lazaristes, 1 volume : **3** francs ; *franco* : **3 fr. 50**.

Saint Bernard, par E. VACANDARD, aumônier au Lycée de Rouen, 1 volume : **3** francs ; *franco* : **3 fr. 50**.

Newman, *le développement du dogme chrétien*, par l'abbé Henri BRÉMOND, 1 volume : **3** francs : *franco* : **3 fr. 50**.

Epitres de saint Paul, *traduction et commentaire*, par A. LEMONNYER, O. P., professeur d'écriture sainte. 1re partie : *Lettres aux Thessaloniciens, aux Galates, aux Corinthiens et aux Romains*. 1 volume : **3 fr. 50** ; *franco* : **4** francs. La deuxième partie en préparation paraîtra prochainement.

Evangile selon saint Matthieu, *traduction et commentaire*, cartes et plans, par V. ROSE, O. P., professeur à l'Université de Fribourg, 1 volume : **2 fr. 50** ; *franco* : **2 fr. 75**.

Du même auteur : **Evangile selon saint Marc,** *traduction et commentaire*, cartes et plans, 1 volume : **2 fr. 50** ; *franco* : **2 fr. 75**.

Du même auteur : **Evangile selon saint Luc,** *traduction et commentaire* : cartes et plans, 1 volume : **2 fr. 50** ; *franco* : **2 fr. 75**.

Epitres catholiques. Apocalypse, *traduction et commentaire*, 1 volume : **3** francs ; *franco* : **3 fr. 50**.

Actes des Apôtres, *traduction et commentaire*, par V. ROSE, O. P., professeur à l'Université de Fribourg, 1 volume : **3 fr. 50** ; *franco* : **4** francs.

Imp. des Orph.-Appr. d'Auteuil, F. Blétit, 40 rue La Fontaine, Paris

SCIENCE ET RELIGION
Études pour le temps présent

GRÉGOIRE VII

ET

La Réforme du XIe Siècle

PAR

J. BRUGERETTE
Officier d'Académie,
Professeur licencié d'Histoire et de Philosophie.

PARIS
LIBRAIRIE BLOUD ET Cie
4, RUE MADAME ET RUE DE RENNES, 59

DANS LA MÊME COLLECTION :

DU MÊME AUTEUR

— (150). **Les Morales indépendantes et la Morale évangélique.** *Essai de synthèse chrétienne.* 3ᵉ édition, 1 vol.

— (183). **La Déclaration des Droits de l'Homme et la Doctrine catholique.** 4ᵉ édition, 1 vol.

— (235). **Si toutes les Religions se valent?** 3ᵉ édition, 1 vol.

— (282). **Les Créations religieuses de la Révolution.** — *Le Culte de la Nature et le Calendrier républicain. Le Culte de la Raison et celui de l'Etre suprême.* 2ᵉ édition, 1 vol.

— (283). **Le Club des Jacobins.** *Le mot et la chose. L'organisation jacobine. Doctrine et psychologie jacobine. La Domination Jacobine.* 1 vol.

— (352). **Innocent III et l'apogée du pouvoir pontifical.** 1 vol.

Cours complet d'Histoire à l'usage de l'Enseignement secondaire, rédigé conformément aux programmes officiels du 31 mai 1902, par M. J. Brugerette. Neuf volumes in-16 avec gravures et cartes, cartonnage. (Cattier, Tours).

DU MÊME AUTEUR : *Comment faut-il prêcher?* Lettres à un jeune *prédicateur*. 1 vol. 3 fr. 50. Nouvellet, Lyon.

INTRODUCTION

Au nom de Grégoire VII reste attaché dans l'histoire de l'Eglise le souvenir de la plus grande réforme qu'il ait été donné à la Papauté d'accomplir. De ce fait, nul homme peut-être n'a été pour son temps comme pour les âges futurs un signe de contradiction plus manifeste. C'est pour cela qu'il fut tant attaqué. Ni la hauteur des vues, ni la droiture des intentions, ni même la sainteté de sa cause ne pouvaient soustraire Grégoire VII à l'orageuse destinée de ceux qui luttent contre des abus. Le fils de l'artisan de Soana avait en effet blessé lui-même trop d'intérêts vulgaires, contrarié trop de passions, soulevé trop de haines, pour n'être pas frappé à son tour. Il n'est pas étonnant que l'histoire ait été dure pour lui.

Beaucoup, égarés par l'esprit de parti ou trompés par les apparences, ont jugé ce grand pape sur ses doctrines politiques. Ils ont attribué aux égarements de l'ambition des actes d'autorité qui dans la pensée de leur auteur étaient bien plus un moyen de garantir la liberté du sacerdoce que d'imposer au monde sa suprématie. C'est pour avoir méconnu les vraies vues de Grégoire VII que ses historiens ont été amenés à mettre au premier plan un réformateur fougueux et impitoyable, lançant la foudre contre les rois et les empereurs, révolutionnant tout le monde chrétien, à la seule fin d'élever la chaire de Pierre au-dessus de tous les trônes. Ils ont ainsi laissé dans l'ombre la sainteté, le génie, les vertus et les qualités supérieures d'un Pontife à qui l'Eglise n'a point craint de dresser des autels.

De cet honneur suprême, jamais homme religieux ne fut plus digne que Grégoire VII. Grâce à lui, l'Eglise affranchie des servitudes du siècle, sauvée de la corruption et de la mort, revenue en un mot « à son ancienne gloire » (1), avait pu reprendre sa marche vers l'idéale justice que son livre divin avait fait entrevoir aux hommes. Telle fut l'œuvre féconde et durable de la réforme grégorienne du XIe siècle.

Il n'entre pas dans le cadre de cette étude d'apporter une histoire détaillée et complète de ce mémorable pontificat. Notre but est plus modeste. Nous voulons simplement, en nous aidant des travaux les plus récents et les plus sûrs de la critique française et allemande, retracer la véritable physionomie de Grégoire VII et de son temps, exposer les traits essentiels de son œuvre et les idées qui en furent les principes directeurs. On verra dans cet ensemble de faits le plan mûri et arrêté d'un homme qui sut mettre le plus grand courage au service de la plus noble des causes : la régénération d'une société en décadence par le christianisme.

Il faut faire sans doute à la nature humaine sa part même dans la conquête du bien. Le livre du progrès n'est pas toujours sans tache. Heureux du moins ceux qui peuvent y écrire d'un cœur pur une page immortelle. Grégoire VII fut un de ceux-là. Il voulut être avant tout le pasteur universel des âmes et il sut l'être. Partout donc où il vit un danger pour les âmes, il y courut, employant pour le conjurer tous les moyens en son pouvoir. Voilà sa mission par excellence, celle que nos pages, inspirées par le seul amour de la vérité, aideront à faire ressortir en la dégageant tout à la fois des interprétations erronées et des altérations de l'esprit de parti.

(1) Grég. Ep., coll. 46.

GRÉGOIRE VII
ET LA RÉFORME DU XIe SIÈCLE

CHAPITRE PREMIER

L'Eglise avant la réforme grégorienne.

S'il est une œuvre qui porte avec éclat la marque d'une mission providentielle, c'est assurément la réforme religieuse de Grégoire VII. Il faut connaître l'état de désagrégation où l'Eglise était tombée, quand parut ce réformateur du monde chrétien, pour comprendre qu'il était de ceux que Dieu envoie sur la terre pour ne pas laisser périr son ouvrage. La grandeur du geste libérateur se mesure ici à l'étendue du mal à guérir et à l'importance de la cause à sauver. Et le mal était si profond que l'Eglise devait en mourir. Avec elle allait succomber la civilisation chrétienne.

Sans doute depuis la chute de l'empire romain l'Eglise avait traversé des temps difficiles ; avec l'empereur elle avait perdu un protecteur, qui avait été souvent un maître et qui le resta pour la chrétienté orientale. Elle avait eu à se faire, en présence des souverains barbares, des conditions nouvelles d'existence, et ce fut de sa part une grande habileté et une féconde initiative de réaliser cette séparation du monde spirituel et du monde temporel, seule garantie de son indépendance. Par là prévalut peu à peu cette idée qu'il y avait en dehors des atteintes du pouvoir politique une retraite inviolable, le monde de la conscience, des croyances et jusqu'aux pratiques extérieures par lesquelles les croyances se manifestent et se maintiennent dans les âmes. Mais aucun régime n'avait été plus fatal à l'Eglise que le régime féodal, cette confusion de tous les pouvoirs. Les principes de désorganisation qui travaillaient la société politique avaient fait aussi leur œuvre dans tous les rangs de la société religieuse. Le spirituel ne se distinguait plus du temporel, le sacerdoce était tombé sous la domination des princes et avait perdu avec l'indépendance la conscience de son rôle. L'Eglise avait laissé le monde envahir le sanctuaire et le monde lui avait apporté tous ses vices et toutes ses habitudes criminelles. Ainsi l'on avait vu la grossièreté et la licence la plus éhontée déshonorer des fonctions dont le prestige avait grandi par les vertus et les services. L'Eglise, qui représentait la force morale et les idées directrices, semblait s'abîmer dans le désordre, entraînant avec elle la société tout entière.

La papauté asservie par la puissance séculière portait la première les marques de cette déchéance qui caractérisait l'Eglise féodale. La restauration impériale de l'an 800 avait eu, il est vrai, pour effet d'affermir l'autorité du pontife romain sur toute l'Eglise occidentale, de donner à tout le corps ecclésiastique un principe de gouvernement spirituel qui était le pape et un pouvoir disciplinaire qui était l'empereur. Mais la dissolution de l'empire avait compromis ce résultat et l'on avait vu, avec les premiers essais de nationalités nouvelles, des tentatives pour constituer des Eglises nationales.

L'archevêque de Reims, Hincmar, représenta avec éclat la prétention des évêques qui voulaient rendre le pape à l'Italie ; il répondit à une menace d'excommunication lancée par le pape contre les évêques français : « S'il vient pour nous excommunier, il s'en retournera excommunié lui-même. »

De 883 à 955, pendant plus de soixante-dix ans, l'Eglise romaine vécut dans l'humiliation et dans la servitude : la chaire apostolique était alors la proie et le jouet des factions rivales de la noblesse, elle fut même livrée, pendant un certain temps, aux mains de femmes ambitieuses et débauchées. Elle se releva un moment dans la personne de Grégoire V (996-999) et de Sylvestre II (999-1003), lors de l'intervention des empereurs saxons. Mais bientôt après, la papauté retomba dans l'ancienne anarchie et dans l'impuissance morale. Les comtes de Tusculum la rendirent héréditaire (1) dans leur famille. C'est alors qu'un enfant méprisable s'assit sur le Saint Siège pour le déshonorer, sous le nom de Benoît IX (1033-1044), par de publiques débauches (2), c'est alors que le trône pontifical fut vendu et acheté comme une marchandise. Cette époque fut véritablement « l'âge de fer » de la Papauté (3). N'avait-on pas vu trois papes à la fois se disputer la tiare ? Les empereurs allemands crurent pouvoir mettre un terme à ces désordres en prenant eux-mêmes le gouvernement de l'Eglise. Henri III ne craignit pas de disposer cinq fois du pouvoir pontifical en faveur de ses chapelains. Mais à partir du jour où l'empereur d'Allemagne usurpa le droit de nommer lui-même les papes, la plus haute dignité de l'Eglise se trouva soumise à un laïque. C'était bien l'affaissement de la papauté sous la domination impériale. Jamais l'Eglise n'avait été aussi complètement asservie à l'État.

Le clergé engagé comme son chef dans le lac des obligations féodales offrait à son tour au monde le

(1) « *Quodam jure hereditario.* » Bonitho, I, v.

(2) Chassé de Rome par le peuple en 1044, Benoît IX y était rentré à main armée. A un moment il conçut le projet d'épouser la fille d'un baron de la Sabine, et peu s'en fallut que la chaire de Pierre, devenue presque héréditaire, ne fût occupée par un prêtre marié. (*Bonitho*) I, v. — Desider, *Dialog.*, I, III. Cf. *Regesta pontific. Jaffé, Wattenbach, anno 1044*).

(3) LÉON CHAINE. *Les catholiques français et leurs difficultés actuelles*.

spectacle de la plus complète déchéance. Le laïcisme avec ses mœurs et ses ambitions semblait avoir vicié l'esprit même de l'institution ecclésiastique en la ramenant aux temps éloignés où la distinction des deux pouvoirs n'avait pas encore été pressentie. Les évêques de l'époque féodale n'étaient pas seulement des chefs religieux, ils avaient encore une forte part de pouvoir politique. A cause de leurs domaines, ils étaient grands seigneurs, c'est-à-dire souverains sur leurs paysans et sur leurs vassaux. Mais en acquérant les pouvoirs d'un seigneur laïque, ils avaient dû accepter les obligations attachées à cette dignité. Or ces obligations n'étaient guère conformes à leur pacifique et saint état. On voyait, par exemple, des évêques s'armer en guerre comme les laïques et suivre, la mitre en tête et le haubert au dos, les rois et les empereurs dans leurs expéditions (1). Parfois non moins redoutables que les barons qui infestaient leurs domaines, ils guerroyaient pour leur compte, pillant même les abbayes dont les lois ecclésiastiques leur confiaient la tutelle (2). De là ces *exemptions* concédées par les papes, exemptions qui affranchissaient les monastères de la juridiction épiscopale pour les placer sous l'autorité directe du Saint-Siège (3). L'esprit féodal ou laïque avait pris peu à peu la place de l'esprit ecclésiastique. Entre ces deux intérêts, l'intérêt du possesseur de fief et l'intérêt du prêtre, le moins noble des deux avait fini par l'emporter sur l'autre.

La pratique de l'investiture féodale fut surtout préjudiciable à l'Eglise parce qu'elle amena l'ab-

(1) Comme vassaux des rois les prélats étaient tenus, il est vrai, au service militaire ; mais la loi civile, d'accord en cela avec les prescriptions de l'Eglise, les autorisait à se faire remplacer par des séculiers à la tête du contingent qu'ils étaient obligés de fournir. En France, on appelait *vidames* ceux qui à la place des évêques commandaient aux hommes et aux vassaux des églises. (GUÉRARD, *Castal. de Saint-Père de Chartres*, t. I, p. 78.)

(2) *Hist. littér.*, t. VII, p. 5 et ss.

(3) Cf. F. ROCQUAIN : *La cour de Rome et l'esprit de la Réforme*.

sorption du pouvoir spirituel par le pouvoir temporel. L'investiture n'était par elle-même qu'un symbole s'appliquant à une tradition, le signe de la donation d'un bien propre à autrui (1). Elle n'était pas particulière à la société féodale, il faut se rappeler quelle place elle a tenue dans le droit privé ou public des époques antérieures. Elle intervenait partout où le transfert d'un droit ne pouvait se faire que par la remise d'un objet, remise qui créait l'obligation. Nous la trouvons dans l'Eglise elle-même. Dès les premiers temps du christianisme, l'un des premiers actes de la cérémonie du sacre fut le don des insignes sacrés. Si l'évêque par la consécration recevait le caractère, par l'investiture il était extérieurement saisi de la juridiction. L'une lui conférait le pouvoir d'ordre attaché uniquement à l'épiscopat, l'autre le droit de lier et de délier dans une église déterminée. Par l'imposition des mains et l'onction, il devenait vraiment membre du collège apostolique ; la remise de l'anneau et de la crosse lui transmettait le gouvernement des âmes. Il y avait donc une investiture ecclésiastique qui complétait la consécration. Cette investiture n'était d'ailleurs point spéciale à l'épiscopat. Toute fonction dans l'Eglise à laquelle était attachée une juridiction se conférait par une cérémonie analogue. C'est par le don du *baculus* que l'abbé d'un monastère recevait le gouvernement de son abbaye. S'agissait-il d'un simple curé, d'une église paroissiale, c'est par la tradition d'un objet de cette église, de clefs ou d'une corde des cloches qu'était investi le titulaire. Ainsi à tous les degrés l'investiture était la tradition visible du pouvoir (2). Cette investiture ecclésiastique finit malheureusement

(1) « Elle est ainsi appelée, dit Pierre de Nonantola, parce que nous montrons par ce signe que nous donnons à un autre ce qui est à nous. »

(2) Cf. VILLANUOVA, t. X, app. 25, FULBERT DE CHARTRES, *Lettres* (Bouquet, t. X, p. 460.)

par se confondre avec l'investiture laïque. Comment et quand se fit cette confusion ? Il est impossible de répondre d'une manière précise à ces questions, faute de documents. D'autre part, les formes de l'investiture varièrent beaucoup, le signe étant par lui-même indifférent. Ce qui est certain, c'est que l'investiture, à l'époque féodale, avait passé de la puissance ecclésiastique à la puissance féodale. Et ce qu'il importe de savoir, c'est ce que donnait le seigneur ou le roi quand il conférait cette investiture. Il semble, à première vue, que le seigneur ou le roi ne conférait que les biens, c'est-à-dire les domaines attachés aux dignités ecclésiastiques. Or, nulle part nous ne voyons indiquée cette idée que le laïque donnât seulement le temporel. La concession comprenait à la fois l'église, les terres, la juridiction. C'est tout cela par exemple que les hommes du XIe siècle désignaient sous cette formule générale le *don de l'évêché, donum episcopatus* (1).

Oui, sous ce terme vague, évêché, les hommes de ce temps comprenaient tout : les biens, l'Eglise, la juridiction et dans la juridiction elle-même l'autorité sur la terre, l'autorité sur les âmes. Le laïque qui donnait l'église, comme le clerc qui la recevait n'attachaient à cette tradition qu'une seule idée, c'est qu'elle conférait le gouvernement *regimen, cura* de l'église. Par là même, comme l'investiture créait le sacre, elle créait un droit absolu à la consécration, ce n'était plus le sacre qui créait un droit à l'investiture. On en arrivait ainsi à cette double conséquence : d'abord que l'investiture de l'évêque échappait entièrement à l'Eglise, que par l'imposition des mains et l'onction les évêques ne faisaient que ratifier le choix du seigneur ; en second lieu que le gouvernement spirituel, par suite d'une confusion, était, tout comme le gouvernement de la terre, conféré

(1) Cf. *Imbart de la Tour* : ouvrage déjà cité, ch. *L'Investiture*.

par un laïque. Des deux actes qui faisaient l'évêque le dernier avait été laïcisé (1). Ainsi, à une époque où tout était exprimé par des symboles, transmettre l'investiture, c'est-à-dire la marque du pouvoir, c'était transmettre ce pouvoir lui-même et on était porté à croire que toute autorité venait du seigneur ou du roi. Des mains qui avaient l'honneur suprême de « créer le Créateur » étaient réduites de ce fait, suivant la forte expression du pape Urbain II, « à l'infamie de se soumettre à des mains souillées de sang et de rapines ».

Cette confusion n'avait pas seulement pour conséquence de livrer l'Eglise entière au laïcisme, d'écraser le sacerdoce et de réduire le prêtre à ne plus être que le chapelain des grands, elle introduisait encore dans la maison de Dieu cet odieux trafic des dignités ecclésiastiques flétri sous le nom de *simonie*. Ayant besoin d'argent soit pour soutenir leur luxe, soit pour faire la guerre, les souverains mettaient aux enchères les dignités ecclésiastiques (2). Tout devenait fief ; l'évêché, l'abbaye, la cure passèrent pour tels ; et comme on ne pouvait les tenir héréditairement, ce fut à chaque vacance un déchaînement de convoitises. On achetait les dignités de l'Eglise comme on eût fait d'un office laïque. Ce trafic, flétri par les saints canons, avait été pratiqué par l'empereur Conrad II, mort en 1039, avec une telle hardiesse, que la cour d'Allemagne s'en faisait ouvertement une source de revenus (3). D'autres fois les dignités ecclésiastiques servaient de récompenses aux flatteries des courtisans et aux bassesses d'indignes créatures. A leur tour, ceux qui avaient

(1) Cf. *Imbart de la Tour*.

(2) *Reges potiorem quempiam ad regimen ecclesiarum vel animarum dijudicant illum videlicet a quo ampliora munera sperant* (Rad. *Glaber*, II, 6).

(3) Cf. ZELLER, *Histoire d'Allemagne*, t. III, *l'Empire germanique et l'Eglise au Moyen Age*.

obtenu du pouvoir séculier ces hautes dignités s'indemnisaient de leurs sacrifices en vendant les ordres sacrés. Ce droit d'occuper les paroisses et tous les services ecclésiastiques faisaient des choses ecclésiastiques des denrées vénales. Suivant le mot de Pierre Damien, « le venin de la simonie avait gagné tout l'Occident de l'Europe ».

La simonie avait engendré un autre abus : l'incontinence des clercs. Du moment qu'on ne recherchait plus la sainteté et la vertu dans le choix de ceux qui devaient diriger les âmes et que le premier venu n'avait besoin que de se présenter devant le souverain les mains pleines d'argent, l'Eglise était menacée d'une rapide sécularisation. Les laïques qui avaient acquis des dignités eclésiastiques ne pouvaient manquer d'apporter la corruption et les mœurs d'un monde brutal dans l'exercice de leurs fonctions. Ils contractaient publiquement mariage. La femme d'un évêque portait son nom *episcopissa,* comme celle du prêtre portait le sien, *presbytera.* Au IXe et au Xe siècle surtout, les évêques et les prêtres qui ne vivaient pas conjugalement formaient l'exception. Nulle part les mariages défendus par l'Eglise n'étaient plus fréquents que dans la Haute Italie. A Lucques, tous les chanoines étaient mariés. Le mariage était depuis longtemps d'un usage constant dans le clergé de Milan. On en était venu à tenir en suspicion le clergé qui observait encore le célibat. Un certain nombre d'ecclésiastiques avaient trois ou quatre femmes et s'il était possible de traduire le fameux *liber Ghomorreanus* de Pierre Damien, on verrait avec stupeur que rien ne manquait à ce honteux tableau de corruption. L'éclipse du célibat ecclésiastique avait enfin pour conséquence la constitution de puissantes familles sacerdotales héréditaires. Les dignités ecclésiastiques étaient devenues des biens patrimoniaux, les plus saintes fonctions tombaient entre les pires mains. Les hommes de Dieu finirent ainsi par oublier complètement le ciel. Il faut sans doute se méfier de certains historiens de cette époque dont les écrits témoignent trop de goût pour l'anecdote scandaleuse et hasardent trop d'affirmations fausses pour ne pas éveiller le soupçon. Mais on ne saurait rejeter en bloc tout ce que ces historiens racontent du relâchement des mœurs sacerdotales au IXe et au Xe siècle. C'est d'ailleurs dans les actes des conciles et des hommes les plus saints que se trouvent les accusations les plus graves dirigées contre la société ecclésiastique de toute cette époque (1). Et rien n'était plus dangereux pour le monde chrétien que le spectacle de ces abus ; tôt ou tard la corruption du clergé devait amener la corruption de la société tout entière, car l'Eglise et la société vivaient alors dans un trop étroit attachement pour que l'une pût souffrir sans l'autre.

Une anarchie profonde était d'ailleurs le trait caractéristique de la société chrétienne. Les peintures que font les auteurs contemporains des mœurs de cette époque sont horribles ! « Le monde, dit Pierre Damien, n'est plus qu'un gouffre d'encre et d'impudicité. La cupidité les asservit tous, depuis les plus petits jusqu'aux plus grands... Un mauvais esprit précipite visiblement le genre humain dans un abîme de forfaits et fait naître en tous lieux l'envie, la haine, l'hypocrisie. Déjà, nous sommes comme à la fin du monde, comme sur les bords de la mer battus par les vagues furieuses du schisme et de la dissension. » Au dire encore des contemporains, la personne des ecclésiastiques n'était pas plus respectée que la sainteté des autels et le bien des églises. « Plus d'une fois, observe M. Rocquain, on lit dans les chroniques que les évêques sont attaqués sur les chemins et dépouillés, tandis que d'autres sont blessés ou tués au pied d'un autel. »

(1) Cf. *Concile de Limoges* en 1031 et *Act. sanctor.*, 14 avril, p. 234. Cf. etiam MURAT, *rer. ital.*, IV, p. 122. — ZELLER, p. 116, *Pagii not. ibid. anno 1032, apud* BARON et œuvres de Pierre DAMIEN.

Les actes de déprédation commis au détriment des églises ou des monastères étaient des plus fréquents. Ce n'étaient pas seulement les seigneurs féodaux qui convoitaient les richesses et les vastes possessions du clergé. Il y avait telle ville d'Italie où à la mort de l'évêque, on voyait les habitants faire irruption dans la demeure épiscopale, s'y emparer de tout ce qui avait appartenu au prélat décédé, et se jetant ensuite « comme des bêtes fauves » sur les terres attenantes à cette demeure, couper les vignes, les arbres et incendier les bâtiments (1).

Mais que l'on ne l'oublie point. Tous ces scandales ne sont point l'ouvrage de l'Eglise qui en gémissait, qui les repoussait. Les assemblées provinciales du clergé, les conciles généraux avaient essayé maintes fois de porter remède à ces maux. Nous ne saurions donc le répéter assez. C'est à la puissance séculière, c'est au laïcisme qu'il faut attribuer les abus dont l'Eglise se mourait presque. S'il y eut de mauvais papes, de mauvais évêques, de mauvais prêtres, c'est le monde qui les avait faits. Et si le monde était lui-même corrompu, cette corruption était son œuvre, la conséquence de ses brutales passions. Dans le déchaînement de ses violentes convoitises, la société féodale avait franchi malgré elle les limites qui séparent le divin de l'humain et violé l'inviolable domaine de la conscience et des croyances. Elle avait ainsi défiguré cette Eglise où elle avait jeté tous ses vices et toutes ses habitudes criminelles.

*
* *

Au milieu du dévergondage et de l'égarement universel subsistaient cependant des éléments de vie et de salut qui préparaient la régénération de l'Eglise et du monde chrétien. Ni la violence ni l'excès des passions brutales n'avaient réussi à

(1) *Leo IX ad Auximanos. Mansi* (Concil. XIX, 672).

ébranler dans les âmes les puissantes assises où la foi avait édifié son empire. L'idée religieuse paraissait, au contraire, s'être ravivée par l'excès des maux qui pesaient sur la société. Jamais les pèlerinages aux tombeaux des saints n'avaient été aussi fréquents, et comme si l'on eût voulu se rapprocher des sources de la religion, des hommes de toute condition et des femmes mêmes se rendaient, à travers mille périls, jusqu'à Jérusalem (1).

Si le clergé séculier semblait avoir perdu toute retenue, et si sa licence ne laissait aux réformateurs comme Gerbert, Fulbert de Chartres, Gérard de Cambrai qui essayèrent vainement de la réprimer, aucun espoir de relèvement, le clergé régulier offrait du moins au monde un idéal et des vertus bien faites pour provoquer de soudains retours. Ce n'est pas que le cloître fût resté pur de toutes les souillures qui avaient atteint l'Eglise séculière ; les abbés étaient engagés comme les évêques dans les lacs des droits et des devoirs de suzerain et de vassal, et comme l'évêché, l'abbaye fut à chaque vacance l'occasion et l'objet d'un déchaînement de convoitises. Mais les scandales qui affligeaient l'Eglise séculière ne firent que traverser le cloître et à partir du xe siècle, une véritable renaissance monastique s'opéra sous l'impulsion féconde du glorieux ordre de Cluny qui devait être le principal propagateur des idées de réforme.

Fondé en 910 par les soins de Guillaume le Pieux, comte d'Auvergne et duc d'Anjou, dans une contrée que les invasions normandes et hongroises avaient respectée et où une sécurité relative avait favorisé le maintien de la foi et des mœurs, le monastère de Cluny avait rapidement grandi. Des privilèges l'exemptaient de toute juridiction ecclésiastique, à l'exception de la juridiction papale, et sous ses abbés, Bernon, Odon, Aimar,

(1) RAD. GLABER, III, 6, 7 ; VI, 6.

Mayeul, la ferveur d'un établissement nouveau se mêlant à l'austérité de l'ancienne règle de saint Benoît, on ne vit dans Cluny aucune trace de la licence commune à beaucoup de monastères au xe siècle; la prière, le travail des mains et la lecture y étaient si continus que dans les plus longs jours de l'été, à peine les frères avaient-ils une demi-heure de repos et de libre entretien. La réforme monastique clunisienne venait à son heure; c'était moins une réforme qu'un nouvel élan de vertu. Vingt-cinq ans après la fondation de Cluny, dix-sept couvents s'étaient engagés à observer les usages du nouveau monastère qui devint ainsi une maison mère et chef d'ordre; la tige bénédictine un moment desséchée retrouva sa sève et sa vigueur. La position géographique de Cluny favorisait le rayonnement de son influence en Allemagne et en Italie, non moins qu'en France; à cette époque surtout où les nationalités étaient indécises, le cosmopolitisme chrétien abaissait les barrières de peuple à peuple. Cluny devait encore une bonne part de son autorité à la hiérarchie exacte qu'il maintenait entre les monastères qui avaient été fondés sous ses auspices ou qui s'inspiraient de son esprit. Il exerçait sur eux une action directe et réelle; par là ses principes et ses exemples se répandaient et portaient des fruits.

Ainsi un mouvement réformateur avait commencé à se concentrer dans le monachisme. Cluny n'avait point borné son effort à faire observer la règle, à rendre les mœurs plus pures, à proscrire jusqu'à la pensée du vice. Ce grand corps s'était attaqué aux causes mêmes du mal, à l'investiture, au laïcisme. Avec le rétablissement de la règle bénédictine, c'est par la suppression des abbés laïques, l'union étroite au Saint-Siège et l'exemption de la juridiction épiscopale qu'il avait opéré sa réforme, préparant ainsi celle de l'Eglise tout entière.

« L'aube d'un jour nouveau commençait à poindre (1). »

Si abaissée que fût la papauté, elle était encore capable d'exercer sur le clergé et sur le monde une action efficace. On méprisait les papes, on respectait la papauté. On se rappelait des princes s'humiliant devant le Saint-Siège et d'autres lui demandant la consécration de leur pouvoir. C'était un pape, Léon III, qui, posant le diadème sur le front de Charlemagne, avait rétabli en sa personne l'Empire romain d'Occident ; et quand la race de celui-ci fut éteinte, c'était un autre pape, Jean XII, qui, appelant Othon Ier en Italie, avait relevé une seconde fois l'Empire et transmis aux souverains de Germanie le sceptre des carolingiens. C'étaient par les souvenirs de cette grandeur passée que se maintenait le prestige de la papauté déchue. Le rôle de la papauté dans l'Eglise n'offrait pas de moindres témoignages de grandeur. On n'avait pas oublié un Nicolas Ier se constituant le juge des évêques en même temps que l'arbitre des rois, érigeant la chaire apostolique en un tribunal suprême et proclamant pour les simples clercs comme pour tous les fidèles le droit d'invoquer sa justice. Aussi par le respect qu'obtenait encore la papauté au milieu de son abaissement on pouvait juger de ce qu'elle était capable d'accomplir si elle s'engageait dans la voie où l'appelaient les hommes de foi (2).

Tous ces éléments de vertu, de piété et de gran-

(1) L'esprit nouveau soufflait, d'ailleurs, d'autre part. Il y eut des influences autres que celle de Cluny mais qui travaillèrent dans le même sens sur l'Église séculière. Les ermites italiens firent de leurs solitudes austères le refuge des âmes pures qui fuyaient l'Eglise trop laïque. Ils furent « les citoyens du Ciel ». Tels étaient ce Nil de Rossano dont l'Eglise a fait un saint, qui prêcha et organisa le détachement du monde, Romuald de Ravennes qui fonda le fameux monastère de Vallombrosa, son disciple Pierre Damien, le plus éloquent porte-parole de la réforme de l'Eglise séculière, l'homme qui devait en être le prophète.

(2) Cf. ROCQUAIN : *La cour de Rome*. — *La papauté au Moyen Age*.

deur morale qui se développaient ou se maintenaient depuis un siècle, dans une société où tout était combat, brutalité et désordre, attestaient que Dieu n'avait point abandonné son Eglise. Le salut était proche, mais à dire vrai il ne pouvait dépasser la sphère des résultats partiels que s'il venait de Rome. La papauté seule avait l'autorité nécessaire pour unir et pour accroître les efforts entrepris par les monastères en vue d'une régénération de l'Eglise. « Si Rome ne revient pas dans la voie des améliorations, écrira plus tard Pierre Damien, le monde restera abîmé dans l'erreur, il faut que la réforme parte de Rome comme de la pierre angulaire du salut des hommes (1). » En d'autres termes, pour arrêter la corruption de l'Eglise féodale et l'asservissement des vicaires du Christ il fallait et l'on peut dire qu'il suffisait qu'une union se fît entre l'esprit des monastères et le prestige de la papauté. La régénération de l'Eglise était à cette condition. Or Dieu voulut que ces deux forces séparées, la sainteté des monastères et la sainteté de la papauté se trouvèrent un jour confondues sous la main d'un homme de génie. Nous avons nommé Hildebrand, le futur Grégoire VII.

(1) *Ep.* II, 29, MIGNE, t. 144.

CHAPITRE II

La vocation et les idées de Grégoire VII.

L'homme qui devait personnifier l'Eglise dans sa régénération était né vers 1020 à Soana, petite ville, fiévreuse, triste et froide, de la Toscane. Dieu avait choisi le réformateur de son Eglise dans la boutique d'un artisan et jamais on ne pouvait dire avec plus de vérité : *Infirma elegit Deus ut confundat fortia*. Si l'on ajoute que, dès ses premières années, Hildebrand entra au couvent, il sera intéressant de noter l'origine plébéienne et monastique de ce puissant réformateur. De bonne heure, en effet, il vécut à Rome, dans le monastère de Sainte-Marie au mont Aventin, dont son oncle était abbé. « Celui-ci sera grand devant le Seigneur, » avait dit l'abbé d'Hildebrand encore enfant. A cette époque, dans toute la chrétienté et surtout dans les cloîtres, on parlait de la nécessité de rétablir l'ordre et la discipline ecclésiastique. Les idées de rénovation religieuse ne pouvaient manquer d'impressionner fortement l'âme ardente du jeune Hildebrand.

D'autres circonstances le préparèrent encore plus directement au grand rôle que Dieu destinait à son âge mûr.

Il avait assisté à l'avènement de Grégoire VI, son ancien maître, qui avait acheté le pontificat, mais qui voulait s'en servir pour accomplir des réformes ; il avait assisté aussi à sa déposition, quand, au synode de Sutri (1046), Grégoire reconnut humblement sa faute : « Moi, Grégoire, serviteur des serviteurs de Dieu, je me confesse indigne du pontificat romain à cause de la honteuse simonie et de la vénalité qui, par la perfidie du démon, l'antique ennemi des hommes, s'est glissée dans mon élection au Saint-Siège ». Hildebrand avait eu ainsi sous les yeux le spectacle de la déchéance où la simonie et le laïcisme avaient réduit l'Eglise. Dès ce jour il s'était attaché à la pensée de travailler à la régénération du monde chrétien. A la suite de ces événements il avait quitté Rome pour entrer à Cluny. Il devait y trouver la véritable patrie de son âme.

Cluny ne représentait pas seulement la restauration de la discipline, le retour aux maximes de saint Benoît, c'était encore une école de mysticisme. L'éducation qu'on y recevait dans ses couvents tendait moins à former des lettrés que des apôtres. La culture littéraire, le goût des choses de l'esprit, la délicatesse furent des qualités qui lui restèrent inconnues. La biographie de saint Mayeul raconte que ce saint faisait brûler tous les manuscrits des anciens (1). A Cluny, aucun livre païen n'était enseigné aux moines; à Saint-Riquier, il n'y avait que des ouvrages de piété dans la bibliothèque. Une telle culture était peu faite pour assouplir l'esprit aux compromis, aux mœurs de la vie mondaine. Le mysticisme lui donna toujours une certaine raideur. Mais cela même est une condition de force pour ceux qui agissent. Nourris des Pères, des lettres sacrées, ces moines sont préparés, par leur éducation, à une solution radicale absolue. De là cette âpreté de conviction, cette logique qu'ils mettront dans la réforme ; de là aussi le mépris des transactions, l'ardeur de la lutte. Ce sont des instruments admirables mis au service du pouvoir qui osera revendiquer les droits de l'Eglise et remuer le monde au nom de sa liberté. Telle fut l'austère et forte

(1) Cf. PFISTER, *Etudes sur le règne de Robert le Pieux*, p. 3 et seq.

discipline qui servit à tremper l'esprit du futur réformateur de l'Eglise. Quand il sortit de Cluny, il était armé de ces principes absolus et précis dont rien désormais ne devait le faire dévier.

La réforme dite grégorienne ne fut d'autre part que la mise en œuvre des idées de Cluny. Pour Cluny, la réforme de l'Eglise ne pouvait se restreindre aux mœurs et à la discipline. Le relâchement, la simonie, l'hérédité des fonctions n'étaient qu'une conséquence de l'organisation féodale de l'Eglise et du milieu social où elle vivait. Ainsi resserrée dans les mailles du laïcisme, la hiérarchie sentait peu à peu la vie s'éteindre en elle; dans ce réseau de fer la conscience chrétienne étouffait. C'était donc la liberté même de l'Eglise que Cluny réclamait. Dès le milieu du XIe siècle, ses revendications s'étaient fait jour au moment de l'élévation de l'un des siens, Hélinard de Saint-Benigne de Dijon au siège de Lyon. « Quand il vint pour recevoir l'investiture, dit la chronique (1), le roi voulut lui faire prêter serment. Il répondit : « L'Evangile et la règle de Saint « Benoît me défendent de jurer. Si je ne les observe « pas, comment pourra-t-il s'assurer que je garde« rai plus fidèlement son serment ? Il vaut mieux « que je ne sois point évêque. » Les évêques allemands voulurent l'obliger à jurer, mais Richard, abbé de Verdun et Bruno de Toul, connaissant sa fermeté, conseillèrent au roi de ne pas lui donner l'ordre. Le prince se contenta d'une simple promesse. » C'était peut-être le premier exemple de révolte contre l'ordre de choses établi par la féodalité, la première négation qui du serment devait atteindre l'investiture (2).

C'était encore une idée de Cluny que la liberté de l'Eglise ne pouvait être obtenue que si le gouvernement romain se rendait lui-même indépen-

(1) *Chronique de Saint-Bénigne de Dijon*, édit. BOUGAUD, p. 187.

(2) IMBERT DE LA TOUR, ouvrage déjà cité, p. 375.

dant. Certes, dès la fin du xe siècle, il y avait eu des papes réformateurs. Benoît VII, Grégoire V, Silvestre II, Benoît VIII, puis, après vingt-quatre ans d'anarchie, Clément II et Damase II. Qu'avaient-ils voulu, qu'avaient-ils pu faire ? Quelques décrets sur la simonie et le mariage des prêtres ; l'ordre extérieur à peine rétabli, des choix meilleurs aux évêchés, et c'était tout. Le grand problème, celui de la liberté de l'Eglise n'avait pas été abordé et il ne pouvait l'être. Prisonnière des empereurs, depuis Henri III surtout, la papauté n'était pas libre de toucher à l'état social de l'Europe. Or un changement dans le régime établi s'imposait pour obtenir une réforme durable dans l'esprit et dans les mœurs.

Ces idées de réforme dont les religieux de Cluny s'étaient faits les propagateurs, Hildebrand les avait embrassées avec passion. On sait comment il sut les faire partager au pape Léon IX (1) et comment il fut appelé lui-même à préluder aux réformes de Grégoire VII. La légende sinon l'histoire veut qu'en se rendant à Rome, Léon IX ait fait à Worms ou à Besançon la connaissance de Hildebrand. Fort de cet ascendant que donnent aux hommes supérieurs la conscience d'un réel mérite et la claire vue des choses, le moine aurait su persuader au nouveau pontife que sa nomination, pour être valide, devait être confirmée par l'Eglise de Rome ; il lui aurait montré en même temps la papauté comme l'instrument nécessaire de la réforme de l'Eglise. Un fait est du moins certain, Hildebrand, à la prière de Léon IX, consentit non sans regret à quitter le cloître pour suivre en Italie le pontife qu'avait frappé son génie (2). Léon IX céda-t-il aux pieuses remontrances du moine ? On peut le

(1) Bruno, évêque de Toul, auquel l'empereur Henri III avait donné la tiare.

(2) « *Invitus cum domino papa Leone IX ad vestram ecclesiam.* » *Greg. VII*, cp. VII, 140.

croire, car, arrivé à Rome, il se présenta en habit de pèlerin et pieds nus dans l'église Saint-Pierre où il sollicita le consentement du clergé et du peuple. C'était déjà comme un premier retour vers la liberté des élections pontificales.

Un autre fait également certain, c'est qu'Hildebrand devint rapidement cardinal sous-diacre de l'Eglise romaine et administrateur du couvent de Saint-Paul. Il fut dès lors l'âme du pouvoir pontifical et sous quatre règnes dirigea les affaires de l'Eglise comme s'il en était maître. Léon IX, Victor II, Nicolas II et Alexandre II crurent leur conscience intéressée à suivre son inspiration et couvrirent de sa puissante égide leur bonne volonté hésitante. Le gouvernement d'Hildebrand fut l'application méthodique et persévérante des idées de Cluny. Pape à son tour en 1075, Hildebrand, devenu Grégoire VII, travailla à développer toutes les conséquences de l'œuvre grandiose à laquelle il avait voué sa vie. L'idéal religieux et apostolique du moine resta l'idéal religieux et politique du pape. Si Cluny avait fait Hildebrand, Grégoire VII se retrouva en Hildebrand comme le chêne dans le gland qui lui donna naissance. L'œuvre du pape n'est que la continuation, le développement et le triomphe de celle du moine.

*
* *

On connaîtra mieux encore la puissance de l'influence exercée par Cluny sur l'esprit et les idées de Grégoire VII si l'on veut se reporter aux documents où ce grand réformateur a consigné lui-même la règle de sa conduite. Il existe d'abord une classe de documents qui sont par leur nature même au-dessus de toute critique et de toute contestation. C'est la correspondance de Grégoire VII (1) arrivée jusqu'à nous. Elle nous

(1) La correspondance de Grégoire VII a été publiée par JAFFÉ. *Bibliotheca rerum Germanicarum, Monumenta Gregoriana 1865.* Cette correspondance dont on a longtemps donné des extraits ou des résumés comprend aujourd'hui 540 lettres.

renseigne exactement non seulement sur ses projets mais sur l'esprit qui dirigea ses actes. Quand Alexandre II mourut le 21 avril 1073, les Romains laissèrent à Hildebrand le soin de préparer le choix de son successeur. Mais au moment où, entouré de la foule du clergé et du peuple, il procédait à l'inhumation du pontife défunt, des voix tumultueuses s'élevant à la fois de toutes parts le proclamèrent lui-même pape : les cardinaux sanctionnèrent de leurs suffrages le vœu de la multitude et il fut malgré sa résistance intronisé presque de force sur la chaire de saint Pierre (1). Or, il faut lire dans la correspondance de Grégoire VII les lettres où il a traduit l'anxiété qui s'empara de lui lors de son élection. « Cette élection qui vous comble de joie, écrivait-il au prince de Salerne, me remplit d'inquiétude, d'amertume et de douleur. » Il avouait lui-même qu'à cette heure décisive, la crainte, la terreur le saisirent et qu'il se vit un instant comme enveloppé de ténèbres. C'est avec le même effroi qu'il écrit à Béatrice pour lui faire part de ses scrupules. Il répète que c'est malgré lui qu'il a été nommé pape et qu'il l'est encore malgré lui. Mais si Grégoire VII fut ainsi un pape tremblant et malgré lui, il est intéressant de remarquer l'interprétation qu'il donne de ce phénomène. Il en conclut que pape malgré lui, il est pape par la volonté et l'ordre de Dieu, il le conclut du tremblement même qui l'agite. De cette origine divine attribuée à son pontificat il tire une confiance absolue dans la mission que Dieu vient de lui confier, il a une foi entière en lui-même parce qu'il a une foi entière en Dieu. Et tel est le secret de cette énergie dans l'action, de cette ardeur dans la lutte et de cette rigueur

(1) Les formes régulières ne furent donc pas observées dans l'élection de Grégoire VII. Il est vrai qu'en tête du registre de ce pontife on trouve un procès-verbal relatant une élection régulière, mais il ne faut voir dans cette pièce qu'une addition postérieure.

de principes qui seront la caractéristique de son pontificat : Grégoire VII ne connaîtra pas de doute. Il invoquera très peu les autorités antérieures de l'Eglise, il n'a pas besoin de tradition, portant en lui une flamme divine supérieure à tout. N'est-il pas comme une nouvelle incarnation de saint Pierre ? Jamais pape n'a fait plus souvent état de ses origines apostoliques. Saint Pierre et lui dans sa correspondance sont toujours étroitement associés. Les lettres de Grégoire VII révèlent en général la hardiesse et la fermeté de résolution d'un homme sûr de lui-même et qui va droit à son but. Ellessont courtes, elles expriment la vérité d'une façon tranchante. On dirait presque des ordres. Il n'y a pas de papes qui aient laissé des actes aussi brefs. Il sait pourtant s'attendrir au besoin, mais il n'abandonne jamais son âme qu'à des hommes de confiance comme l'abbé Hugues de Cluny, il aime aussi à confier ses misères aux princesses Béatrice et Mathilde qu'il considère comme « les filles de saint Pierre ».

On a dit de Grégoire VII qu'il fut un réformateur impatient. A peine élu, on le voit, en effet, déployer une activité extraordinaire. Il ne se contente pas de notifier aux évêques des divers Etats, comme aux princes les plus éloignés tels que le roi de Danemark, son élévation au Saint-Siège, plusieurs de ceux qu'il informait de son élection furent invités à se rendre sans retard à Rome pour conférer avec lui sur la situation de l'Eglise et celle de la chrétienté (1). S'ils ne peuvent venir, il demande des excuses, il veut qu'on lui écrive souvent, il passe ses jours et ses nuits à répondre à toutes les requêtes du monde entier. Il écrit lui-même à Michel, empereur de Constantinople, en vue de mettre fin au schisme qui séparait l'Eglise grecque de l'Eglise romaine, il pro-

(1) Ep. I, 12, 19.

jette enfin des expéditions contre les infidèles. Une pareille activité s'explique encore par la même pensée de foi qui le portait à voir la volonté expresse de l'Esprit-Saint dans le fait de son élection. « De ce lieu où j'ai été placé, mandait-il aux peuples de Lombardie, il me faut, que je le veuille ou non, annoncer à toutes les nations la vérité et la justice et obéir au Seigneur qui a dit : Crie sans fin, sans repos, et dis aux hommes tous leurs crimes ; si tu laisses un seul méchant dans son iniquité, c'est à toi que je demanderai compte de son âme (Ep. I, 15). » Voilà des paroles qu'il ne faut point perdre de vue si l'on veut juger Grégoire VII avec équité et distinguer nettement les formes de son activité. C'est un pape qui se croit institué par Dieu et prétend dans tous ses actes n'obéir qu'à Dieu seul de qui seul il tient le pouvoir de diriger toutes les Églises.

Les idées de Cluny devaient être les idées de Grégoire VII et celles-ci devaient avoir une très très grande fortune en orientant pour de longs siècles la politique de l'Eglise. C'est par la netteté et l'absolutisme de ces principes que Grégoire VII est un personnage capital dans l'histoire du monde occidental. Or il existe un document célèbre que l'on donne généralement comme l'expression la plus complète et la plus exacte des pensées qui ont dirigé la conduite de ce pontife. C'est le *Dictatus papæ* dans lequel se trouve condensée en vingt-sept propositions la doctrine de la théocratie. On y lit en particulier que seul le pape dispose des insignes de la royauté, qu'il lui appartient de déposer les empereurs, de nommer et de déposer les évêques sans convoquer de synode, que son élection canonique le place au rang des saints, que l'Eglise romaine n'a jamais erré et n'errera jamais, ainsi que le prouve l'Ecriture, que le pape a l'autorité de délier les sujets de leur serment de fidélité envers leurs mauvais princes. Mais l'authenticité de ce document paraît fort contestable si l'on veut faire du pape Grégoire VII l'auteur du *Dictatus*. La plupart des historiens, comme Baronius (*Annal.*, 1070, XXXI). Schrokh, (*Hist. eccles.*, t. XXV, p. 519-520) et Bower (*Hist. des pont. rom.*, p. 560-561), estiment qu'un partisan du pape a extrait de sa vie et de ses actes ces idées qu'il a placées vers le temps de l'important synode de 1076 qui marque l'époque où la plupart d'entre elles furent mises en pratique. L'opinion la plus récente est celle de l'historien allemand Schack qui voit dans le *Dictatus* un emprunt fait sous l'œil de Grégoire VII à une collection canonique complétée par le cardinal Deusdedit. Mais serions-nous assurés de l'authenticité du *Dictatus papæ*, nous aurions encore raison de suspecter sa valeur doctrinale sur plus d'un point. Si par exemple il n'est point de foi « qu'un Pontife romain ordonné selon les canons devienne aussitôt par les mérites de saint Pierre indubitablement saint », il ne l'est pas davantage que le pape seul puisse porter les insignes impériaux, c'est-à-dire prendre en main l'administration temporelle des Etats. Mais les idées formulées dans le *Dictatus* avaient cours au temps de Grégoire, elles représentaieut exactement l'esprit de cette époque et la tendance de ce pontife. « Peu importe donc d'en rechercher l'auteur, il suffit de savoir que l'âme de Grégoire se trouve dans le *Dictatus*, que les premières et les plus grandes pensées de toute sa vie y sont mises au jour ! » Il est inutile de les prendre isolément, de discuter la valeur de chacune de ces vingt-sept sentences. Elles sont la synthèse des efforts de la papauté pendant des siècles, elles forment donc un tout. Une même pensée leur sert de fondement, c'est la liberté de l'Eglise, la toute-puissance des papes, la supériorité de l'autel sur le trône. Voilà l'idéal religieux et politique de Grégoire VII, le plan sur lequel seront édifiées toutes ses réformes.

CHAPITRE III

Les Réformes de Grégoire VII.

L'œuvre religieuse de Grégoire VII apparaît, à un premier examen, comme l'œuvre d'un révolutionnaire violent. Elle a bien ce caractère si l'on ne tient compte que du changement radical accompli par la volonté inflexible de ce grand réformateur dans l'état religieux et social de l'Europe du XIe siècle, c'est-à-dire dans l'ordre de choses établi par la féodalité.

Le laïcisme a tout envahi : il a terminé la conquête de l'Eglise soit par la pratique de l'investiture féodale, soit par la simonie, soit enfin par le mariage des clercs, il a ainsi sécularisé la paroisse, l'abbaye, l'évêché, jusqu'à la chaire de Pierre. Çà et là, il est vrai, quelques protestations timides se font entendre, quelques réformes s'accomplissent, mais papauté, épiscopat, clergé asservis laissent faire. Puis, un jour vient, où, à la voix d'un moine, à la voix d'un pape, la conscience chrétienne se réveille, elle se trouve en présence d'un état social façonné par plusieurs générations d'hommes. Or, on ne froisse pas impunément les intérêts et une prise de possession qui cache sous sa durée le vice de son origine. Si légitime que soit la protestation, si urgente que soit la réforme, tout changement qui s'opère dans le régime établi n'en porte pas moins le caractère d'une révolution.

En protestant contre l'asservissement de l'Eglise au siècle, Grégoire VII paraît donc bien faire œuvre de novateur. Mais au fond cette révolution n'était qu'un retour à l'ancien droit. Si Grégoire fut un novateur, c'était moins par ses idées que par les conséquences qu'il en devait tirer. Le progrès qu'il rêvait n'était en réalité qu'une réaction. Ce qui, au contraire, pouvait s'appeler une innovation, c'était l'ingérence de la féodalité dans le gouvernement de l'Eglise. Ce qui était extraordinaire, c'était la *potestas* du laïque, c'est-à-dire la transformation du droit de patronnat reconnu à tout fondateur ou bienfaiteur d'une église en un droit de propriété ; ce qui choquait la notion même de religion, c'était de voir « le bâton épiscopal » et « l'anneau sacerdotal entre les mains d'un soldat » (1), à une époque où tout s'exprimait par des symboles. Pourquoi le roi n'avait-il pas ce qui était au roi et le prêtre ce qui était au prêtre ? Ce qui s'opposait enfin à la tradition constante de l'Eglise, c'était de voir des clercs contracter mariage, acheter et transmettre leurs charges comme de simples bénéfices.

Grégoire VII ne fit que rappeler au pouvoir politique sa mission et l'enfermer dans les limites de son droit. De même, en arrachant le clergé à la sujétion des princes et en l'enlevant par le célibat aux affections terrestres, il se bornait à lui rappeler les devoirs d'un état qui met le prêtre par ses mœurs en dehors et au-dessus de l'humanité. Les principes qu'il opposera aux prétentions du laïcisme et aux protestations des clercs mariés et simoniaques, avaient été formulés bien avant lui par les Pères ou les conciles. Par exemple, c'est uniquement au nom des décrets de Calcédoine (451) ou du VIIIe concile œcuménique qu'il protestera contre l'asservissement du sacerdoce. Ce qu'il dira lui-même des devoirs de protection reconnus aux laïques, de l'indépendance des biens

(1) Cf. HUMBERT, et PASCAL II. *Lettres à l'archevêque de Mayence*, MIGNE, t. CLXIII, p. 175. *Quid enim ad militem baculus episcopalis, quid annulus sacerdotalis. Habeant reges quod regum est, quod sacerdotum est, sacerdotes habeant.*

ecclésiastiques, Hincmar et toute l'Eglise de Gaule avant lui l'avaient dit. Il ne fera que réaliser et très imparfaitement dans les faits les théories des écrivains et des évêques du IXe siècle.

Avant de réformer l'Eglise, la papauté avait tout d'abord à se réformer elle-même. Pour attaquer victorieusement la simonie, l'investiture, le *dominium* des laïques sur les églises, le désordre des mœurs, le pouvoir pontifical devait s'affranchir de la suzeraineté impériale. Depuis 1046, l'Empereur s'était attribué l'élection du souverain pontife. Le concile de cent treize évêques, tenu à Latran en 1059 sous le pontificat de Nicolas II, changea dans son principe même la constitution de la papauté. C'est dans ce synode que fut préparé un acte capital : le décret sur l'élection des papes. Il y était dit que « le pontife de l'Eglise romaine venant à mourir, les cardinaux évêques traitent d'abord avec le plus grand soin de l'élection, qu'ils s'adjoignent ensuite les cardinaux-clercs, puis que le reste du clergé et le peuple soient appelés à donner leur consentement à la nouvelle élection. C'est pour couper court à toute tentative de vénalité que les ecclésiastiques devaient être les promoteurs de l'élection. » Il était encore stipulé que le pape serait choisi dans l'Eglise romaine si celle-ci « offrait quelqu'un ayant les qualités requises, sinon le candidat serait pris dans une autre église ». Le point suivant avait une importance capitale : « L'honneur et le respect dus à notre fils le roi Henri, actuellement roi, et si Dieu le veut, futur empereur seront sauvegardés, comme nous le lui avons déjà accordé ainsi qu'à ses successeurs qui auront personnellement obtenu ce droit du Siège apostolique » L'ambiguïté des termes employés pour désigner le droit de l'empereur montrait assez combien ce droit était vague, incertain, imparfait. Il pouvait donc être contesté, car rien n'était moins défini que ce privilège, respect ou honneur, reconnu à Henri et à ses successeurs comme une simple concession du Saint-Siège et une concession d'ordre personnel. On comprend l'importance de ce hardi décret pour l'affranchissement de la papauté : Il réprimait le pouvoir discrétionnaire de l'Empereur, il écartait l'intervention turbulente ou intéressée du peuple et du bas clergé, il remettait enfin, à un corps éminent, à une élite ecclésiastique la direction des destinées de l'Eglise (1). Le décret de 1059 ne resta point lettre morte. A la mort de Nicolas II en 1061, Hildebrand fit élire par les cardinaux Alexandre II, sans même demander l'approbation impériale. Les évêques allemands et quelques évêques lombards osèrent créer un autre pape, Cadulus, évêque de Parme. Mais Hildebrand sut fortifier la justice de sa cause de tous les moyens matériels qui pouvaient en assurer le succès. Alexandre II fut soutenu par les Normands de Robert Guiscard, devenu le vassal du Saint-Siège et en 1064, au concile de Mantoue, la Germanie abandonnait la cause de l'anti-pape.

Il ne suffisait pas d'assurer la liberté des élections pontificales ; pour affranchir véritablement la papauté et l'Eglise de la société laïque et de l'influence des empereurs et des rois, il fallait réorganiser le gouvernement ecclésiastique. Il importait que l'Eglise ne relevât que de la papauté et que celle-ci fût indépendante des autres pouvoirs. C'est ainsi que Grégoire VII fut amené à restaurer dans l'Eglise ce qu'on peut appeler la monarchie absolue. Pour y arriver il n'a point affecté de la bouleverser ; il s'est donné comme le représentant des anciennes traditions. Il n'a créé aucune institution nouvelle, ainsi qu'il le déclare

(1) Il existe trois versions du décret de 1059 qui présentent des variantes dont quelques-unes importantes, en ce sens qu'elles exagèrent la part de l'Empereur ; on les trouvera publiées synoptiquement dans HINSCHIUS, *Kirchenrecht* t. I p. 248. Voir aussi SCHEFFER-BOICHORST, *Die Neccordnuno der Papstwahl durc Nikghlaus II*, et les deux textes reproduits dans Dœberl, *Monumenta Germania selecta*, p. 11 et suiv.

volontiers, mais il a rattaché directement à lui toutes celles qui existaient, il les a marquées de l'empreinte pontificale.

Le collège des cardinaux auxquels il avait fait confier l'élection des papes prit d'abord une importance extraordinaire. Le décret de 1059 avait mis entre leurs mains les destinées de l'Eglise. Grégoire VII fit d'eux ses conseillers et ses collaborateurs. Pierre Damien les appelle « les sénateurs spirituels de l'Eglise universelle, *spirituales universalis ecclesiæ senatores.* » Ce collège des cardinaux représentait l'administration centrale de l'Eglise.

Mais il fallait à la papauté dans les provinces du monde chrétien des lieutenants dévoués qui fissent partout sentir son action. Les légats furent chargés de l'exécution des ordres pontificaux, de la surveillance des évêques et des églises. L'institution n'était pas nouvelle, depuis le IVe siècle on voyait les légats pontificaux siéger au premier rang dans les conciles, convoquer, présider des synodes régionaux. Mais avant Grégoire VII les légats apparaissent plutôt comme des délégués extraordinaires ; avec lui ils deviennent un des organes essentiels du gouvernement de l'Eglise. Leur mission en général ne se restreint pas à une affaire déterminée (1) : ils représentent l'autorité pontificale dans sa plénitude. Grégoire VII exige qu'on leur obéisse comme à lui-même. En 1077, il écrit aux habitants de la Narbonnaise, de la Gascogne et de l'Espagne, en leur envoyant comme légat l'évêque Amatus : « Nous vous ordonnons par notre autorité apostolique de le recevoir comme vous recevriez saint Pierre, de lui obéir en toutes choses, d'écouter ses paroles comme les oracles de notre voix même. » Comme les légats n'ont par eux-mêmes aucune autorité et qu'ils n'exercent qu'un pouvoir délégué, Gré-

(1) Hugues de Die fut, sous Grégoire VII, un légat permanent en France.

goire VII les choisit à sa convenance sans tenir compte de la hiérarchie et souvent un simple moine ou un simple diacre fera la loi aux évêques. Aussi la mission des légats est-elle difficile, dangereuse même. Mais Grégoire VII n'hésita pas à recourir aux moyens extrêmes pour obliger les évêques à respecter les représentants de son autorité : On le verra déposer l'archevêque de Reims, Manasses, qui avait résisté pendant quatre ans à ses légats. A son tour, l'évêque de Mâcon n'a pas obéi à l'évêque d'Albano, légat du pape ; Grégoire VII l'en blâme : « Même si le légat avait voulu t'imposer quelque mesure irréfléchie, ce que nous ne croyons pas, tu aurais dû le supporter par respect pour le siège apostolique. » Mais s'il confie à ses légats des pouvoirs étendus, il leur recommande de ne pas dépasser ses instructions et d'agir avec modération, il revise leurs sentences, ne voulant rien laisser à l'arbitraire ; en un mot, il surveille à son tour ceux qu'il charge de surveiller la société chrétienne.

A ce gouvernement il faut aussi un code. Il existait avant Grégoire VII : il comprenait les canons des conciles, les décrétales des papes. Ces matériaux falsifiés, mêlés à des pièces apocryphes, avaient formé au IXe siècle le célèbre recueil des Fausses Décrétales dont l'origine et le but ont été l'objet de tant de discussions et qui d'après les recherches les plus récentes, semble avoir été fabriqué dans l'Eglise du Mans. Il est du moins certain que les Decrétales d'Isidore tendaient à fortifier la puissance papale. Les principes que posait Isidore, par une pieuse supercherie, sur les prérogatives du siège de Rome pouvaient certainement se réaliser sous l'empire de circonstances favorables. Ils n'étaient d'ailleurs que les reproductions de maximes plus anciennes sur la primauté et l'excellence de l'Eglise romaine. Ces principes répondaient trop aux idées de Grégoire VII pour qu'il ne les prît point pour règle de conduite. Il n'avait d'ailleurs aucune raison de suspecter leur authenticité. Mais il voulait un recueil plus étendu et plus précis en même temps sur les droits du Saint-Siège. Sur son ordre, Anselme de Lucques, neveu du pape Alexandre II, composa entre 1080 et 1086 sa *Collectio Canonum*, en 13 livres. Les matières y furent disposées dans un ordre commode et clair, afin de bien mettre en relief le pouvoir monarchique et souverain du pape dans l'Eglise. *Deusdedit,* élevé par Grégoire VII à la dignité de cardinal, continua l'œuvre, d'Anselme de Lucques. Son but, comme il le déclare dans la préface de sa *Collectio Canonum,* était de « faire connaître à ceux qui l'ignorent le privilège d'autorité de l'Eglise romaine par lequel elle domine tout le monde chrétien ». Il affirmait hautement « qu'en vertu du principe que la moindre autorité doit toujours céder à la plus grande, l'autorité d'un concile ou d'un docteur de l'Eglise doit céder devant la sentence du pape. Ainsi fut fondé le droit *grégorien* (1). Ainsi triomphaient dans le monde chrétien les idées de monarchie pontificale et de primauté de l'Eglise romaine auxquelles le droit et la pratique féodale avaient porté une si grave atteinte.

Si Grégoire VII avait voulu restaurer dans sa plénitude l'autorité de la puissance pontificale, c'est que cette réforme était la condition de la suppression des abus introduits dans le corps ecclésiastique. Celui qui prétend ramener la société religieuse à l'idéal des premiers temps a toujours contre lui les intérêts que l'histoire accumule, les habitudes que le temps affermit, la haine des puissants qui l'attaquent, l'égoïsme

(1) A la même époque, Bonizo composa son traité dont les prérogatives du pape constituaient également la thèse essentielle : les quarante propositions ou titres de chapitres qui embrassent cette partie de son travail correspondent absolument aux *Dictatus* de Grégoire et aux matériaux d'Anselme et Deusdedit. Enfin le dernier ouvrage des Grégoriens (avant Gratien) a été le *Polycarpus* du cardinal Grégoire de Pavie (antérieur à 1118).

tranquille des âmes faibles qu'il effraye. Pour lutter contre toutes ces forces réunies, il n'est pas trop que le réformateur puisse élever très haut le droit de l'idéale justice, et pour assurer le succès de sa généreuse entreprise, il n'est pas trop que l'on sente une main capable de briser les obstacles qui pourraient arrêter la marche de l'œuvre réparatrice.

L'abus le plus criant qu'il fallait extirper de l'Eglise, c'était l'incontinence des clercs. Le sacerdoce est-il en effet possible si le prêtre ne s'élève pas par la dignité de sa vie au-dessus des êtres médiocres dont il doit soutenir la faiblesse? Si, dans un siècle éclairé où la moralité est la règle, le prêtre pourrait à peine rester dans la condition commune et sans faire violence à la nature garder l'autorité dont il a besoin, comment admettre qu'au milieu de la société brutale d'un âge de fer il pouvait se faire écouter en restant dans la moyenne de la vertu? Il fallait être plus qu'un homme. Voilà pourquoi, bien avant son pontificat, Grégoire VII avait songé à élever le prêtre au-dessus du niveau de l'humanité pour lui donner le droit de parler en maître au nom des lois d'un ordre supérieur qu'il représente. Le concile de Latran porta des sentences rigoureuses contre les prêtres mariés. Vingt-six conciles postérieurs tenus de 1059 à 1073 en France, en Italie et en Allemagne, complétèrent cette œuvre de régénération du sacerdoce chrétien. Le pontificat de Grégoire VII ne fit qu'accroître ces rigueurs contre les prêtres mariés. Un nouveau concile réuni à Latran en 1074, défendit aux prêtres, diacres et à tous les clercs « d'avoir des épouses et d'habiter avec des femmes ». La célébration des saints offices était rigoureusement interdite aux prêtres mariés.

Ces efforts obstinés de Grégoire pour rétablir le célibat ecclésiastique n'étaient pas inspirés de préocupations exclusivement ascétiques, ils avaient encore pour but d'enrayer l'effroyable corruption introduite dans l'Eglise par le laïcisme. A une époque où le clergé se recrutait trop souvent en dehors de toute pensée religieuse, il importait de purifier la famille d'élection, la tribu d'Aaron vouée aux fonctions saintes en la détachant de tous liens charnels avec le monde. « L'Eglise, écrivait Grégoire, ne peut être affranchie de la servitude des laïques si les clercs ne sont pas affranchis du mariage. » Mais cet affranchissement par ses conséquences dépassait de beaucoup la portée d'un acte politique. Libre de tout lien, sans famille, sans autres motifs que l'amour de Dieu et des hommes, n'ayant plus dans le monde d'autres intérêts que ceux de la religion, d'autres peines ni d'autres plaisirs que les revers ou les victoires de la foi chrétienne, le prêtre devait être conduit par la nature même à tourner vers le service de l'Eglise et des âmes toutes les passions et toute l'activité morale qu'absorbaient auparavant les plus douces mais aussi les plus exigeantes des affections humaines.

Cette grande réforme en appelait une autre, la répression de la simonie. La cupidité des biens terrestres, le trafic des charges ecclésiastiques et leur transformation en bénéfices que l'évêque et le prêtre transmettaient à leurs enfants étaient encore autant de souillures dont il importait au plus haut point de délivrer l'Eglise. Mais on se trouvait ici en présence d'un mal si profondément enraciné ; les cas de simonie étaient si nombreux que l'ancien droit canonique n'avait pu les prévoir et était impuissant à les punir. « Que tout simoniaque, tout évêque achetant sa dignité dût être déposé, nul n'en doutait ; mais sur les personnes mêmes qui intervenaient à l'élection ou au sacre, sur les différentes formes que pouvait prendre la simonie, les lois antérieures n'avaient rien précisé.

« Il fallait que sur ces questions se formât une théorie nouvelle (1). »

Le premier objet de la législation nouvelle fut de définir qui était *simoniaque*. On comprit d'abord sous ce nom celui qui vendait l'ordination et celui qui l'achetait. Les conciles de Reims (1059), de Rouen (1056), de Toulouse, de Tours édictèrent la peine de déposition contre tout évêque qui vendrait la consécration et tout clerc qui donnerait ou promettrait de l'argent pour la recevoir. Ces décisions furent confirmées par d'autres synodes, notamment les grandes assemblées tenues à Rome en 1074, 1075, 1076, 1078.

Les simoniaques pouvaient tourner la loi en faisant conclure par un autre le marché. Il fallait donc poursuivre ces trafics par personne interposée. On frappa le *mediator*. Le concile de Rome renouvela en 1074 la décision du concile de Toulouse qui condamnait à la déposition ou à l'anathème le clerc ou le laïque qui donnait, promettait de l'argent, au nom d'un candidat à l'épiscopat. Les décrets contre la simonie frappèrent aussi les laïques qui faisaient payer le don de l'évêché. Plus tard, le concile romain du 13 avril 1059 interdit ou l'ordination ou la promotion simoniaque d'un clerc à quelque titre que ce fût. Enfin le concile tenu à Latran en 1076 voua aux mêmes peines que Simon le Magicien toute personne qui aurait acheté ou vendu une charge ecclésiastique quelconque.

Cette double réforme : la prohibition du mariage des clercs et la répression de la simonie portait atteinte à des abus trop invétérés pour ne pas soulever une résistance acharnée. C'était une révolution sans précédent et accomplie avec une inflexible énergie. La papauté s'attaquait à la famille même du clerc, et le clerc régulièrement marié se multipliait pour résister et pour mau-

(1) IMBART DE LA TOUR, ouvrage déjà cité.

dire dans la personne de sa femme et de ses enfants. Les décrets pontificaux frappaient le chef d'une famille et brisaient ces liens que jamais puissance humaine n'avait jusqu'alors brisés impunément. C'était donc la guerre au foyer de tout clerc marié, lutte dans son ménage et lutte dans son âme que le monde et la religion se disputent. Sans doute, si le cœur poussa les uns à défendre le bonheur de leur vie intime menacée, la faiblesse humaine entraîna les autres à disputer aux rigueurs de la papauté la satisfaction de leurs passions. Sentiments généreux et grossiers mobiles, tout fut mis en œuvre pour organiser la résistance aux décrets pontificaux contre le mariage des prêtres.

L'application des décrets portés contre la simonie rencontra également des difficultés nombreuses. Il fallut recourir aux moyens extrêmes pour assurer le succès de la réforme. Cinq conseillers de l'empereur d'Allemagne, convaincus de simonie, furent frappés d'excommunication, Grégoire dut suspendre ou déposer plusieurs évêques d'Allemagne et de Lombardie. En quatre ans le métropolitain du nord de la France, la plupart des évêques des provinces de Reims et de Sens nommés par le roi avaient été également déposés ou interdits par Grégoire et son légat.

Remarquons que dans cette lutte de la papauté contre les clercs simoniaques ou mariés la papauté avait les peuples pour elle. En Germanie, le peuple accueillit avec enthousiasme les décrets sur la simonie et le célibat. En Lombardie, la plèbe est avec les réformateurs du clergé simoniaque et marié. Les *Patarins* ou déguenillés poursuivent les clercs mariés et pillent leurs biens, et l'on voit des laïques baptiser, donner les derniers sacrements, fouler aux pieds l'hostie consacrée par des prêtres mariés et répandre le vin du calice. Nulle part en France, nous ne voyons les évêques interdits ou déposés soutenus par leurs fidèles; c'est toujours sur le roi qu'ils appuient leur résistance.

A Reims, l'archevêque Manasses (1030) est expulsé par les nobles et le peuple (1). A Térouanne (1032), un intrus, Lambert, candidat du roi et du comte est saisi par les vassaux de l'Eglise, les habitants, et mutilé (2). Sans doute, il faut tenir compte, dans ces discordes, des passions politiques. Ce fut peut-être autant contre le seigneur féodal que contre l'évêque que le peuple se révolta. Mais ces mouvements spontanés n'en servirent pas moins la cause de la réforme. La justice populaire s'unit souvent à la justice papale et se chargea d'en assurer l'exécution (3).

La simonie et le désordre des mœurs n'étaient que la conséquence d'un autre abus : la pratique de l'investiture féodale. Pour être durable et féconde, la régénération de l'Eglise impliquait donc la disparition du régime des investitures. Après avoir frappé le mal dans ses effets il importait donc de l'atteindre dans sa cause elle-même. C'est dans le synode romain de 1075 que Grégoire VII aborda pour la première fois cette question des investitures sur laquelle ses prédécesseurs ne s'étaient prononcés qu'indirectement et qui se liait, à ses yeux, avec celle de l'indépendance de l'Eglise. Par un décret, il interdisait sous peine d'anathème à tout prince séculier, empereur, roi, duc, comte ou marquis, de conférer l'investiture d'un évêché ou d'une abbaye et à tout ecclésiastique de la recevoir, la déclarant en ses effets nulle et non avenue (4).

Remarquons le sens de ce décret. Le législateur n'établit aucune distinction entre l'investiture par l'anneau et la crosse que conférait le laïque et

(1) Cf. GUIBERT DE NOGENT. *De vita sua*, I, 11.

(2) *Grégoire VII*, Registre VIII, 53. (JAFFÉ, p. 506.)

(3) IMBART DE LA TOUR, ouvrage déjà cité, livre III, *Restauration et chute de l'ancien droit*, chap. I.

(4) Pour le texte de ce décret, voir HUGON, *Chron.*, I, II. — ANSELM. LUCENS, *Contra Guibert.* — Cf. ARNULFI., *Gesta archiep. Mediol.*, V, 7.

l'investiture elle-même, il se borne à supprimer l'investiture sans même dire comment et par quoi il la remplace. Une telle lacune peut nous surprendre. Il faut cependant reconnaître que dans la lutte contre le laïcisme la condamnation de l'investiture elle-même s'imposait. Si Grégoire VII se fût borné à proscrire le symbole, la disparition de ce symbole n'aurait point fait disparaître la cause du mal. Les princes auraient pu continuer à investir les clercs des évêchés ou des abbayes mais par un autre signe. La forme de l'investiture aurait été changée, mais l'investiture elle-même fût toujours demeurée la forme de la tradition.

Grégoire VII admit-il au moins des différences entre l'Eglise et ses biens, l'administration temporelle et le gouvernement des âmes. Cette distinction le seigneur laïque ne l'avait point faite. Il conférait l'*Eglise*, c'est-à-dire une masse comprenant à la fois le spirituel et le temporel. Or, un laïque pouvait-il posséder et par conséquent conférer une Eglise ? Au fond, c'était la seule question qu'il importait de résoudre. Qu'il s'agît d'une simple chapelle, d'une abbaye, d'un évêché, d'un seigneur, d'un comte, d'un roi, le droit de propriété pesait partout souvent violent et brutal, entraînant avec lui l'investiture, l'hommage et les abus de tout ordre que faisait naître cette concession. Attaquer ce droit à la haute propriété du seigneur ou du roi, c'était donc attaquer son droit à la nomination de la personne, c'était repousser l'investiture laïque. A l'affranchissement de la terre ecclésiastique répondait la libre élection des dignitaires ecclésiastiques. Cette solution radicale fut celle de Grégoire. A la thèse féodale : *propriété* de la terre, *élection* de la personne, il opposa la thèse ecclésiastique: *protection* de la terre, *confirmation* de la personne. Dans la pensée de Grégoire, le laïque ne pouvait disposer des terres de l'Eglise sur lesquelles il n'avait qu'un devoir de protection et non un droit de propriété. S'il ne pouvait disposer de ce bien, de quel droit pouvait-il en donner l'investiture ? Celle-ci revenait à la puissance ecclésiastique. La crosse et l'anneau furent ainsi enlevés au seigneur ou au roi pour être désormais placés sur l'autel. Celui qui par l'imposition des mains conférait le caractère sacré était seul compétent pour donner les insignes de la juridiction. Investiture, don des évêchés, des églises étaient d'ailleurs synonymes pour Grégoire. Nulle part il ne distingue la fonction du domaine ; ce qu'il réclame, c'est la liberté, ce qu'il refuse au laïque, c'est toute tradition.

Mais en ramenant ainsi l'investiture et l'élection cléricale à son droit primitif et à ses vrais principes, Grégoire VII ruinait en un instant le droit féodal. Dans l'état de l'Europe, alors que si longtemps la société et l'Eglise avaient été livrés à l'arbitraire des souverains séculiers, il était bien difficile que des prétentions aussi hardies et qui devaient paraître nouvelles ne fissent pas naître un conflit. Il éclata du côté de l'Allemagne. Ce fut la querelle des Investitures. Ainsi s'engagea la guerre entre la Papauté et l'Empire. Cette lutte était inévitable, car les revendications de la Papauté impliquaient une transformation radicale dans l'organisation du régime féodal et qui ne pouvait s'opérer sans violence. L'Eglise paraissait l'offenseur, elle était en réalité l'offensée. Elle avait le droit de protester contre l'usurpation de son Domaine par le pouvoir laïque. Elle ne pouvait d'ailleurs rentrer en possession de son bien qu'en s'affranchissant des obligations féodales. En résumé, pour que le Pape fût maître de l'Eglise et pour que l'Eglise pût accomplir librement sa mission réparatrice, il était nécessaire que le sacerdoce fût dégagé de tous les liens qui impliquaient quelque sujétion à l'égard de la société temporelle.

*
* *

A cette réforme religieuse était liée, dans la pensée de Grégoire VII, par la logique même des faits, une réforme politique de l'organisation du monde chrétien. Puisque l'extirpation des abus introduits dans le corps ecclésiastique n'était possible que si l'Eglise parvenait à s'affranchir de la puissance séculière par qui le domaine sacré avait été converti en un domaine féodal, cet affranchissement n'était lui-même possible que si la Papauté parvenait à faire prévaloir la croyance de la subordination de la puissance temporelle à la puissance spirituelle. Autrement l'opinion qui à cette époque faisait découler du pouvoir laïque l'autorité et la juridiction du Pape se maintenait dans les esprits et rendait vaine toute réforme durable. En sa qualité de chef du monde chrétien, le pape pouvait encore se regarder comme la tête de la hiérarchie féodale et prétendre de ce fait au droit d'imposer aux peuples et aux rois la souveraineté pontificale.

On voit sous l'influence de quelles idées Grégoire VII fut amené à affirmer son pouvoir sur les empereurs et sur les rois. Il avait développé lui-même la théorie des pouvoirs pontifical et impérial dans la lettre qu'il adressait en 1081 à Hermann, évêque de Metz, au sujet de la déposition de Henri IV : « Quoi, une dignité créée par les hommes du siècle et ignorants de Dieu ne sera pas soumise à cette autre dignité que la Providence du Dieu tout-puissant a créée pour lui rendre témoignage et par pitié pour le monde... Qui donc, même parmi les écoliers, douterait que les prêtres fussent au-dessus des rois ? Et si les rois par leurs péchés tombent sous le jugement des prêtres, à plus forte raison, doivent-ils être jugés par le pontife de Rome. » Et les preuves s'accumulent pour affirmer cette supériorité du pouvoir spirituel. Que sont les rois ? de grands pécheurs à qui le salut est difficile et coûteux. « Qui d'entre eux a reçu comme les prêtres et les pontifes le droit de lier et de délier ? » Il va jusqu'à rappeler que le pouvoir des rois et des chefs de peuples est vicié dans ses origines par la rapine, la perfidie et l'homicide. Plus de doute, il faut que les princes soient dociles, qu'ils reconnaissent l'autorité de l'Eglise et qu'ils l'acceptent sans réserve. Telle est l'idée qui revient sans cesse. En résumé, Grégoire VII se posait aux yeux de tous comme le souverain juge des affaires de ce monde et le suzerain des rois.

C'est en sa qualité de juge souverain, c'est-à-dire en vertu du privilège de lier et de délier, « confirmé par un décret du Ciel à Pierre » et à ses successeurs qu'on verra Grégoire VII intervenir dans le gouvernement des Etats. L'année même de son avènement au souverain pontificat, à l'occasion de la guerre allumée entre Henri IV et les Saxons, il enjoindra aux deux partis de déposer les armes, il enverra des légats en Allemagne pour s'enquérir de la cause des hostilités et rétablir la paix. En 1074, informé des désordres qui troublaient alors la France, il menace le roi de jeter l'interdit sur son royaume et dans le cas où ce châtiment laisserait le souverain insensible, de prendre des mesures pour le priver de sa couronne.

Nos idées modernes s'accommodent, il est vrai, malaisément avec l'exercice de cette magistrature pontificale. Nous sommes invinciblement portés à protester contre cette confusion des deux pouvoirs et à déclarer abusive cette ingérence de la Papauté dans les affaires séculières. Pour formuler ici un jugement équitable il faut se rappeler que les hommes du Moyen Age reconnaissaient au vicaire de Jésus-Christ le droit d'infliger aux empereurs et aux rois dont la conduite était un scandale ou une cause de chute pour les âmes, un danger pour les intérêts du corps social, les mêmes peines qu'à de simples fidèles. Il était admis que l'excommunication entraînait dans un temps donné pour celui qui en était frappé la perte de sa dignité temporelle (1). Cette magistrature universelle était d'ailleurs à cette époque le grand recours des peuples contre la tyrannie des princes et la meilleure sauvegarde des intérêts religieux. Elle imposait aux chefs de la chrétienté le devoir de protester contre les abus de la puissance, de s'élever contre les guerres injustes, les lois iniques et les actes d'usurpation ou d'oppression (2).

De même en sa qualité de chef du monde chrétien, qualité qui le place au premier rang de la hiérarchie féodale, Grégoire VII s'efforcera de faire reconnaître des peuples et des rois cette suzeraineté papale qui ne rendait l'Eglise maîtresse de la société du moyen âge que pour l'affranchir de la domination des puissances temporelles et des influences avilissantes et opprimantes du siècle. C'est ainsi qu'il donnera, au nom de saint Pierre, la couronne de Russie au fils du souverain régnant venu alors à Rome et qui jure entre ses mains fidélité à l'Apôtre. Le duc de Dalmatie recevra le

(1) « Aucune règle efficace ne semblait naître alors du régime féodal devenu commun à l'Occident... Les entreprises à main armée soit du suzerain contre ses vassaux, soit des vassaux contre leur suzerain livraient partout la France aux horreurs de la guerre. A ces mêmes excès s'ajoutaient dans l'étendue de l'Empire les luttes entre races. Loin que les empereurs les plus puissants parmi les princes de ce temps se servissent de leur pouvoir pour arrêter ces violences, ils en donnaient l'exemple... La guerre générale ou partielle, publique ou privée, avec ses crimes et les fléaux de toutes sortes qu'elle entraînait à sa suite, tel était le spectacle qui frappait d'abord les yeux, si l'on regardait dans son ensemble la société laïque. »
Voyez E. Rocquain. *La cour de Rome*, ouvrage déjà cité, p. 2 et 3.

(2) Rappelons encore qu'à cette époque nul n'arrivait au trône qu'après avoir prêté serment à l'Eglise de la bien servir et au peuple de le gouverner selon les lois et selon l'équité. « *Tu seras roi si tu agis bien, mais si tu agis mal tu ne le seras plus.* » Telle était la leçon que Philippe Ier, roi de France, avait entendue le jour de son élection. Tout roi qui manquait à cet engagement de justice pris envers l'Eglise et le peuple n'était plus qu'un tyran, et le devoir des sujets dans ce cas était, ainsi que l'affirmait le pape Victor Ier, de leur résister et de s'élever plutôt contre eux que de leur obéir. Ainsi peut s'expliquer et se justifier la conduite de Grégoire VII.

titre de roi en retour de la promesse faite par lui pour ses successeurs de payer chaque année un tribut à l'Eglise romaine. En dehors des Etats normands d'Italie, déjà placés sous sa vassalité, Grégoire réclamera comme fief du Saint-Siège la Hongrie, le Danemark, la Sardaigne et l'Espagne elle-même, qui avant la conquête des Sarrasins appartenait à saint Pierre. Il voudra en un mot que le pape, guide et juge des rois, en soit le suzerain.

Cette suzeraineté il ne la revendique pas uniquement à des titres qu'ont pu établir les événements ou comme héritier des droits qu'il affirme avoir été transmis par Constantin au chef de l'Eglise, il la tire de plus haut : « Le Christ, écrivait-il en 1055, a substitué son règne dans le monde à celui de César, et les pontifes de Rome ont dominé sur plus d'Etats que n'en ont jamais possédé les empereurs. »

Ainsi s'évanouissait, dans le vaste esprit de Grégoire, l'anarchie tumultueuse qui affligeait alors la chrétienté, ainsi s'organisait devant ses yeux, ravis d'un tel rêve, cette sorte d'empire théocratique (1) qui s'identifiait avec la chrétienté, c'est-à-dire avec le monde.

Le rêve était sans doute chimérique, il devait se heurter inévitablement et se briser contre les prétentions non moins légitimes du pouvoir civil, mais il représentait un magnifique idéal, l'idéal d'une grande famille chrétienne qui pour être confiée à des maîtres divers n'en restait pas moins étroitement unie par une foi commune, par l'inspiration unique et toute-puissante du Père de tous les peuples.

(1) Voyez dans notre étude : *Innocent III et l'apogée du pouvoir pontifical* la théorie du gouvernement dit théocratique.

CHAPITRE IV

Canossa.

De tous les événements qui constituent la trame de la lutte engagée entre Grégoire VII et la royauté germanique, aucun, par la beauté tragique du geste et la portée de ses conséquences, ne devait avoir une valeur plus significative que la fameuse pénitence de Henri IV à Canossa. L'histoire a enregistré cette scène comme un des faits les plus mémorables de la grande querelle du sacerdoce et de l'empire. On a prétendu qu'elle marquait la plus éclatante victoire que la papauté ait jamais remportée sur le pouvoir temporel. Le souvenir de Canossa hante encore l'imagination des hommes politiques de notre époque, on le trouve mêlé à toutes les polémiques dont le conflit séculaire de l'Eglise et de l'Etat est encore le thème. Aller à Canossa, c'est pour un gouvernement contemporain désavouer sa conduite et incliner la souveraineté du pouvoir temporel devant les revendications du Saint-Siège. Mais le mot répond-il exactement à la chose ? Est-ce la victoire de la papauté sur le pouvoir temporel que représente Canossa ? Les historiens de Grégoire VII ont affirmé ce triomphe et la plupart d'entre eux nous représentent un pontife emporté par le délire de la toute-puissance et savourant l'orgueil de tenir à ses pieds le descendant du souverain qui avait fait et défait les papes. Les apparences, il est vrai, sont de nature ici à donner le change sur un triomphe dont on a méconnu jusqu'à nos jours le véritable caractère. Mais si, laissant toute idée préconçue et tout parti pris, on prend la peine de replacer la scène de Canossa dans le cadre des événements qui peuvent en fixer le sens et la portée, on sera tout surpris des résultats que cette enquête amènera. On verra tour à tour un Grégoire VII et un Henri IV vainqueur et vaincu. Canossa fut, en effet, une victoire et une défaite pour l'empereur comme pour le Pape. Grégoire VII, homme politique, fut vaincu par l'habileté du pénitent de Canossa, mais Grégoire VII, homme de Dieu, put inscrire un triomphe dans les fastes de la Papauté en pardonnant au César germanique humilié à ses pieds.

Ce qu'il faut rappeler tout d'abord pour comprendre la scène de Canossa, c'est de quelle façon s'est opérée la rupture entre Grégoire VII et Henri IV. On peut dire que le conflit qui mit aux prises le pouvoir pontifical et le pouvoir impérial exista à l'état latent du fait même de la rencontre de ces deux hommes. Il était la conséquence de la rivalité de leurs prétentions. Henri IV aspirait comme ses devanciers à « recommencer Charlemagne » et à dominer l'Europe : comme ses devanciers il se croyait en droit de disposer des dignités ecclésiastiques, il devait donc se sentir particulièrement offensé des revendications de Grégoire qui voulait remédier par la suprématie du sacerdoce à cette confusion du spirituel et du temporel, laquelle avait fait passer dans le sanctuaire tous les vices des séculiers. Henri IV parut d'abord entrer dans les vues de Grégoire VII. « Le sacerdoce et la royauté, écrivait-il au pape avant la fin de septembre 1075, ont besoin pour subsister, régulièrement administrés dans le Christ, d'un secours réciproque. » Il avouait « qu'il n'avait pas toujours, comme il l'aurait dû, respecté le droit et l'honneur légitime du sacerdoce, mais que touché par la grâce divine et faisant retour sur lui-même, il confessait ses anciens péchés à la très indulgente paternité du pape ». Il était question d'une entrevue, d'un grand concile allemand où l'on se serait occupé de la réforme de l'Eglise. En réalité, Henri IV aux prises avec les Saxons révoltés contre son despotisme, ne cherchait qu'à temporiser. Il était trop en péril pour contrecarrer les vues du Saint-Siège. Mais la victoire rendit à Henri le sentiment de son indépendance, et changeant de conduite, il soutint tous ceux qui attaquaient le Saint-Siège. Grégoire pouvait frapper l'homme qui venait de coaliser contre lui tous les adversaires de ses réformes, il préféra inviter Henri IV à ne pas démentir par ses actes des protestations de soumission sans cesse renouvelées. Il le sommait toutefois de cesser ses relations avec ceux que le Saint-Siège avait excommuniés et de respecter la liberté de l'Eglise (décembre 1075).

L'ère des négociations était close, la grande guerre ouverte allait commencer entre les deux pouvoirs. Henri IV a reçu la lettre de Grégoire VII, il s'empresse d'en dénaturer le sens en affirmant que le pape a menacé sa couronne et sa vie, qu'il l'a cité à comparaître à Rome sous peine d'excommunication (1). Il convoque ensuite un grand synode germanique à Worms. Grégoire VII y est déclaré indigne du pontificat et le roi lui-même se charge d'en communiquer au pape la nouvelle. Il le fait de la façon la plus impérieuse et la plus calomnieuse. A ce pontife dont la vie était si pure et si apostolique il ose reprocher d'avoir une maîtresse ; il l'accuse d'avoir usurpé le siège de saint Pierre et de « couvrir la violence sous le manteau de la religion ». Aussi ne considère-t-il plus Grégoire VII comme pape. Il avait débuté en ces termes insolents : « Henri, roi, non par usurpation, mais par la volonté de Dieu. Hildebrand désormais n'est point pape mais grand

(1) Cette version, habilement répandue, a été accueillie par les chroniqueurs allemands contemporains comme Lambert de Hersfeld, mais elle ne paraît pas conforme aux termes de la missive pontificale. Il n'est pas prouvé également qu'Henri IV ait été complice de l'attentat qui menaça la vie de Grégoire VII (conspiration de Censio, 24 décembre 1075).

moine. » Il termina avec la même impudeur : « Moi, Henri, roi par la gloire de Dieu je te dis avec tous nos évêques : Descends, descends ! »

L'acte était aussi audacieux qu'offensant : tout de suite l'empereur portait la lutte à ses extrêmes limites. La réponse de Grégoire ne se fit point attendre. A l'anathème impérial le pontife opposait l'excommunication majeure du roi et de ses adhérents, au droit de déposer le pape le droit de déposer le roi. A son tour et dans un style d'une grandeur épique, Grégoire VII convoquait saint Pierre, il le prenait pour témoin de sa conduite et des troubles du monde chrétien : « Bienheureux Pierre, prince des apôtres, écoute, je t'en prie, ton serviteur que tu as nourri dès l'enfance, que tu as délivré jusqu'à ce jour de la main des méchants, dont ma fidélité pour toi m'a attiré la haine. Tu m'es témoin avec la Mère de Dieu, avec le bienheureux Paul entre tous les saints, que l'Eglise romaine m'a appelé malgré moi à la gouverner. Comme ton représentant, j'ai reçu de Dieu le pouvoir de lier et de délier dans le ciel et sur la terre. Plein de cette conviction, pour l'honneur et la défense de ton Eglise, au nom du Dieu tout-puissant, du Père, du Fils et du Saint-Esprit, par ton pouvoir et ton autorité, je nie au roi Henri qui s'est insurgé avec un orgueil inouï contre ton Eglise le gouvernement de l'Allemagne et de l'Italie, je délie tous les chrétiens du serment de fidélité qu'ils lui ont prêté ou qu'ils lui prêteront ; je défends que personne ne lui serve comme on sert un roi. »

La rupture était ainsi consommée. L'anathème prononcé au Vatican en présence de la mère de Henri eut un long écho dans le monde chrétien. Avec la flétrissure de l'excommunication, Henri IV avait contre lui tous les ressentiments que les abus de pouvoir et les usurpations d'autorité avaient développés dans cette Allemagne féodale « toujours prête à la révolte et que la force seule réussissait à retenir sous le joug ». Sa situation était terrible. Déjà le souverain voyait s'étendre autour de lui l'isolement dont la main du Pape avait voulu le frapper. Les princes de la Saxe et ceux du midi tels que Rodolphe de Souabe, Welf, duc de Bavière et beaucoup d'autres désertaient ses drapeaux ; on redoutait sa présence, de terribles récits, des miracles fréquents, des morts subites et vengeresses effrayaient et échauffaient l'imagination populaire. Vainement Henri IV, tout à la colère et à son ressentiment, avait chargé l'évêque d'Utrecht d'excommunier le Pape, vainement il avait réuni un synode à Worms pour y juger Grégoire VII. Les défections s'étaient multipliées. En octobre 1076, ses adversaires se réunissaient à Tribur avec les évêques d'Aquilée et de Passau, légats du pape et ils décidaient que le jugement de l'Empereur serait réservé entièrement au Souverain Pontife. A cet effet, un concile se tiendrait à Augsbourg, au mois de février 1077, sous la présidence de Grégoire VII qui pourrait absoudre ou condamner Henri IV. Jusqu'à cette époque, comme la sentence pontificale ne pouvait avoir, suivant les prescriptions canoniques, qu'un effet provisoire, l'Empereur devait se retirer à Spire et y vivre en homme privé.

Ainsi l'Allemagne avait imposé ses conditions à l'Empereur excommunié et ces conditions, c'est le Pape qui les avait dictées par l'intermédiaire de ses légats à l'Allemagne révoltée. Henri IV ne pouvant soutenir la lutte contre une défection presque universelle de la Germanie, avait paru céder, il avait consenti à se retirer à Spire et à renoncer provisoirement à l'exercice du pouvoir.

Cette décision de Tribur a une importance capitale dans le conflit engagé entre la Papauté et l'Empire. La convocation du synode d'Augsbourg est vraiment le nœud de la crise. Grégoire VII avait vu reconnus solennellement par les peuples sa suzeraineté sur les rois, son droit à donner et à reprendre les couronnes. Ce fut le jour le plus glorieux de son pontificat. Depuis lors, les évêques d'Allemagne étaient venus se jeter à ses pieds et l'assurer de leur fidélité, Henri IV lui-même avait envoyé demander au Pape la permission de se faire absoudre. Mais Grégoire VII s'était borné à lui donner rendez-vous à Augsbourg pour la fête de la Chandeleur. Cette grande journée d'Augsbourg, Grégoire VII la voulait à tout prix. Là, dans une diète générale de tous les grands du royaume, le pouvoir pontifical prononcerait en arbitre sur l'innocence ou le crime du Roi. Bien plus, si dans l'année de l'excommunication, il n'avait point été absous, Henri ne pourrait plus réclamer la couronne selon les lois canoniques qui prononçaient qu'un excommunié d'un an était déchu de tout office civil. Augsbourg s'annonçait donc comme le triomphe des triomphes. Pénitent ou impénitent, soumis ou rebelle, l'Empereur ne pouvait échapper à la sentence solennelle du Pape, juge des rois et reconnu pour tel par toute l'Allemagne. Or ce triomphe d'Augsbourg, gros de conséquences politiques et dont la Papauté pouvait, ce semble, escompter déjà le glorieux profit, l'acte de Canossa allait en transformer presque complètement le caractère et de ce fait en réduire la portée aux conséquences d'une pénitence religieuse.

A la nouvelle de l'événement qui se préparait, Henri IV s'était senti perdu. Par la force ou par la ruse il fallait donc empêcher le pape de se rendre à Augsbourg. La force était pour l'Empereur d'un emploi dangereux. Sans action en Allemagne, Henri pouvait compter sans doute sur le concours de l'Italie du Nord, de cette Lombardie, toute peuplée de prêtres et de prélats simoniaques et concubinaires qui l'attendaient avec impatience. Un conciliabule tenu à Pavie par ce clergé schismatique avait déjà excommunié le pape Grégoire. Mais ce recours à la violence n'aurait-il pas pour effet d'aggraver le cas du malheureux empereur?

Etait-ce une force véritable que l'appui de ces prêtres coupables et frappés comme lui des peines les plus sévères ? Le salut de Henri, son pouvoir en Germanie dépendaient, au fond, d'une seule chose, de la levée de l'excommunication. Dès lors, il n'y avait plus qu'une voie de salut pour le César germanique, c'était la soumission, à tout le moins l'apparence de cet acte. Réfléchissant, d'autre part, qu'il était peu sûr pour lui d'attendre dans ses foyers l'arrivée du pape, de venir en coupable lui présenter sa justification au sein de la Germanie, à la face de ses adversaires exaspérés par la vengeance et obstinés à le perdre, Henri prit tout à coup son parti : se rendre en Italie au-devant du Pontife et là mettre tout en œuvre pour obtenir son absolution. Après quoi, il repasserait les Alpes, entrerait en conférence avec les princes Germains et réclamerait la foi de ses amis. Tout cela lui deviendrait facile, lorsque la religion l'aurait absous.

Ce plan ne pouvait être plus habile.

A la fin de décembre 1076, tandis que Grégoire VII sortait de Rome et se dirigeait vers la vallée du Po, appelé au delà des Alpes par les princes allemands assemblés à Tribur et qui l'avaient invité à se rendre à Augsbourg, la nouvelle éclatait comme un coup de foudre et se répandait dans toute la péninsule, qu'Henri IV avait quitté Spire et qu'il était descendu dans les plaines lombardes. Là tous les évêques et les comtes d'Italie s'étaient pressés à sa rencontre, lui faisant une magnifique escorte. La péninsule était livrée aux séditions et aux guerres domestiques, aux incursions et aux brigandages de vassaux puissants et malfaisants. L'on comptait sur la Majesté royale pour faire cesser ce conflit universel et l'anarchie qui désolait la contrée. On comparait le jeune Henri IV à ses prédécesseurs, les Othon, à son père Henri III, qui avaient fait régner la paix en Italie, en réprimant les petits tyrans, et en disposant de la papauté. Le bruit courait enfin que le roi venait pour déposer le pape, cette rumeur remplissait de joie surtout les évêques lombards, ces prélats croyaient avoir enfin trouvé l'occasion de se venger d'un pontife qui depuis longtemps les avait frappés des foudres de l'anathème. Mais Henri IV n'était pas venu pour combattre.

Grégoire VII se trouvait à Verceil lorsqu'il apprit que le roi Henri était descendu en Italie. Quelles étaient les intentions du prince à son endroit ? Venait-il implorer le pardon de ses fautes ou poursuivre à main armée la vengeance de son excommunication ? Grégoire l'ignorait. Il avait auprès de lui la comtesse Mathilde, veuve de Godefroi, duc de Lorraine qui lui servait d'escorte et de défense. C'était une femme d'un génie viril, d'une âme courageuse, dévouée au Pontife avec le zèle de la vénération chrétienne et la tendresse de l'amitié filiale. Sur son conseil Grégoire crut à propos de rebrousser chemin et de se retirer dans le château de Canossa jusqu'à ce qu'il fût fixé sur les projets du roi.

On sait ce qui arriva : en janvier 1077, Henri IV venait implorer la miséricorde du Pape. Pendant quatre jours, l'héritier de ceux qui naguère créaient le pape, attendit en vêtements de pénitent, les pieds nus sur la neige durcie, la grâce d'être admis aux pieds de ce juge qu'aucun abaissement ne semblait pouvoir satisfaire, parce qu'il croyait devoir mesurer la grandeur de l'humiliation à celle du coupable. On sait comment Henri fut relevé de l'excommunication, après avoir juré de se présenter à un concile général avec les princes allemands aux lieu et jour que Grégoire indiquerait « pour y répondre aux accusations qui lui seraient intentées devant le pape connaissant lui-même l'affaire ». Puis, d'après le récit de quelques chroniqueurs, Grégoire célébra la messe devant Henri. Quand l'hostie eut été consacrée, prenant en ses mains le corps de Jésus-Christ, le pontife se tourna vers le roi. « Depuis longtemps dit-il, j'ai reçu de toi et de tes partisans des lettres où l'on m'accusait de m'être élevé au pontificat par la simonie, d'avoir, avant et après, souillé ma vie par des crimes, qui selon les canons, me rendent indigne de la cléricature. Voici le corps du Christ, je vais communier, que le Dieu tout-puissant, si je suis innocent, m'absolve du soupçon des crimes qu'on me reproche, si je suis coupable qu'il me frappe d'une mort soudaine. » Après avoir prononcé ces mots, le pontife consomma une partie de l'hostie. Puis, s'adressant au roi : « Et vous, mon fils, faites maintenant ce que vous m'avez vu faire. » Le roi épouvanté se serait dérobé à cette épreuve.

Toute cette scène est d'une grandeur tragique, mais il ne faut pas exagérer ce qu'elle offre d'extraordinaire ; il faut par contre en dégager nettement le véritable caractère, celui que les historiens, trompés par les apparences, ont trop longtemps méconnu.

Il est d'abord indéniable qu'en venant à Canossa solliciter de Grégoire VII d'être relevé des censures pontificales, Henri IV dut se sentir profondément humilié et garder rancune de cet affront. Mais son geste de repentance, vu les idées et les habitudes de l'époque, n'entrait pas, à dire vrai, dans la catégorie des actes très humiliants. Le costume de pénitent n'était pas anormal alors. Le château de Canossa dominait la plaine du Pô sur les versants des Alpes. Il était formé d'une triple enceinte et certains chroniqueurs désireux d'assombrir cette rencontre déjà très sombre de Grégoire VII et d'Henri IV ont représenté ce dernier attendant en dehors de l'enceinte que la porte de la forteresse de Canossa s'ouvrît devant lui. Le pape oubliant le mot de l'Evangile, aurait mis une extraordinaire dureté à fouler aux pieds le roseau brisé... En réalité le roi fut reçu entre la première et la deuxième enceinte, de grands personnages vinrent s'y entretenir avec lui et s'il y eut dans le château des reproches d'une part et des pleurs de l'autre, il y eut aussi des deux côtés des négociations. Le pape céda aux prières de Mathilde et à celles d'Hugues de Cluny qui s'était fait l'avocat du roi. Quant à l'épreuve à laquelle Grégoire VII aurait soumis Henri quand il rompit devant lui le pain consacré devenu le corps du Christ, on doit la placer au nombre de ces anecdotes dramatiques qui embellissent l'histoire mais donc l'histoire ne peut établir de façon sûre l'authenticité. L'intérêt vraiment tragique de cette épreuve, c'était la condamnation du roi par lui-même. Elle ajoutait un tel grandiose à la pénitence déjà si émouvante de Canossa que beaucoup de contemporains furent naturellement portés à tenir l'anecdote pour vraie.

Ceux qui, d'autre part, virent de loin la scène de Canossa ont bien pu la prendre pour le triomphe définitif de la papauté, mais les faits étudiés de près, aussi bien dans la réalité de leur ordre chronologique que dans l'enchaînement de leur ordre logique, semblent plutôt contredire une telle opinion. Non, le triomphe de la Papauté ne fut pas celui que l'on croit ordinairement, c'est-à-dire le triomphe de la théocratie ; mais hâtons-nous d'ajouter que la victoire d'ordre religieux remportée sur lui-même par Grégoire VII fut en réalité plus glorieuse pour sa mémoire et pour l'honneur de l'Eglise que la victoire d'ordre politique qui lui fut ravie par l'habileté du pénitent de Canossa.

Il faut, en effet, se rappeler qu'il y eut dans la situation de Grégoire VII, homme politique, un point nécessairement faible, sa qualité de prêtre, de vicaire de Jésus-Christ qui prêche la charité et le pardon. Henri IV l'avait bien vu. Il savait que toutes les sentences prononcées contre lui n'avaient pas encore un effet définitif, mais il savait d'autre part qu'elles prendraient une réalité matérielle le jour où le Pape irait présider cette Diète d'Augsbourg où tous les ennemis de l'Empereur s'étaient donné rendez-vous. C'est à Augsbourg que Grégoire voulait juger le roi déjà réprouvé par l'Eglise et il était clair que la sentence pontificale ne serait autre que la condamnation du prince coupable par le pape reconnu solennellement de ce fait pour le suzerain du roi. Voilà ce que le pape avait préparé. Mais Henri IV a fait une chose très simple et très habile en même temps. Il en appelé du pape chef de la coalition allemande, au pape père de tous les chrétiens, du pape, homme politique, au prêtre. Grégoire avait ordonné à Henri de se présenter à Augsbourg et Henri obligeait Grégoire à le recevoir à Canossa ! Le pape pouvait refuser de traiter avec l'Empereur d'Allemagne, mais la religion lui défendait de rejeter un pénitent.

Ce calcul, véritable écueil où Henri semblait avoir fait tomber Grégoire VII peut expliquer les hésitations du pontife. Celui-ci eut besoin de réfléchir. On peut s'en rendre compte par la résistance opiniâtre qu'il opposa tout d'abord à l'importunité des sollicitations dont il fut l'objet et par la gravité des suppliants. Il ne voulait pas céder, il écrivit lui-même aux princes allemands qu'on l'accusait de dureté. A dire vrai, ce n'est pas aux portes de Canossa, mais dans l'âme de Grégoire VII que se jouait la tragédie(1). A la fin, le pontife céda, il accorda le pardon et c'est par la magnanimité de ce geste miséricordieux qu'il fut vraiment grand. Le vicaire de Jésus-Christ n'avait point voulu fouler aux pieds, plus que son maître, le roseau brisé, le suzerain des rois était vaincu, car le pardon du prêtre compromettait l'œuvre politique du pape, mais cette défaite était au fond une victoire puisqu'elle était le triomphe de la charité, le triomphe de la conscience chrétienne.

(1) Cf. SCHACKS.

Grégoire n'avait pas sans doute abdiqué son droit de suzeraineté papale. Il devait chercher encore à réaliser son rêve magnifique de gouvernement chrétien. Il pouvait écrire aux princes allemands qu'il avait agi envers Henri non en pape, mais en prêtre ; il comptait toujours partir pour l'Allemagne, y retrouver sous une autre forme son triomphe d'Augsbourg. Mais toutes ces espérances étaient illusoires. La situation avait changé. Henri IV, sans doute, n'avait pas été rétabli dans la royauté dont Grégoire l'avait déposé au sein du synode romain, le pape « n'avait pas renoué à son égard le lien de la féauté dont il avait affranchi dans le même synode ceux qui la lui avaient jurée » (1). Mais il avait eu l'habileté d'effacer cette tare qu'était l'excommunication, il pouvait se reposer sur l'absolution du Pape pour maintenir ses droits contre Rodolphe, son rival, et tirer raison au besoin des princes allemands qu'il n'aurait plus à considérer que comme des vassaux rebelles. Il y eut évidemment chez Henri une immense hypocrisie, mais sa politique avait désarmé le pape. Grégoire VII n'avait plus trouvé en face de lui qu'un chrétien rentré dans l'Eglise au lieu d'un roi excommunié.

Les événements qui suivirent devaient achever ce triomphe politique de Henri IV, remporté sous le pavillon trompeur de la religion. Ce fut entre la Papauté et l'Empire une lutte sans merci, lutte qui amena la déposition d'un pape et d'un empereur et la double élection d'un antipape et d'un anti-empereur. La diète de Forcheim remplaça en effet Henri par Rodolphe de Souabe. Mais Henri, soutenu par les évêques allemands, opposa à son tour à Grégoire l'antipape Guilbert. En 1084, l'humilié de Canossa rentrait vainqueur à Rome où Grégoire aurait inévitablement succombé si Robert Guiscard, appelé par le Saint-Siège, n'avait

(1) Cf. *Concil.* t. X, pp. 381 et scq.

contraint l'armée impériale à abandonner la ville éternelle et à repasser les monts. Le rêve politique de Grégoire était bien brisé. Le pieux pontife ne pouvait se faire illusion. Craignant pour sa sûreté dans une ville exaspérée par les violences des Normands, il avait dû quitter Rome pour se rendre à Salerne où s'éteignit sa vie laborieuse le 25 mai 1085. « J'ai aimé la justice et haï l'iniquité, c'est pourquoi je meurs en exil, » telles furent ses dernières paroles. Il était mort dans une heure de défaite, accusant, semblait-il, le sort qui avait trahi son courage. En réalité les paroles ultimes qu'il prononça étaient « moins un désaveu et un regret qu'un retour mélancolique fait sur elle-même par une âme forte profondément triste, mais sûre de la foi et pleine de l'avenir ».

CHAPITRE V

Les résultats de l'œuvre de Grégoire VII.

L'œuvre de Grégoire VII doit se juger par les intentions de son auteur et par les résultats qu'elle a donnés.

Tout fut pur et saint dans les intentions de ce Pontife. « J'ai été, écrivait-il un peu avant sa mort, j'ai été en butte aux persécutions et aux violences des nations, des princes et des prêtres, parce que selon la mission qui m'avait été donnée, j'ai refusé de me taire sur le péril de l'Eglise, parce que je me suis opposé à ceux qui ne rougissaient pas de la réduire en servitude, parce que j'ai voulu que l'Eglise revînt à son ancienne gloire et qu'elle fût chaste et unie (1). » On peut croire à la sincérité de ce témoignage. Jamais homme n'a moins douté de la justice et de la sainteté de sa cause. Que ses idées aient été absolues et ses vues dominatrices, il serait difficile de le nier. Mais Grégoire ne croyait pas que la vérité dût admettre un partage, que l'autorité divine dût s'incliner devant l'autorité humaine. Qui sait d'ailleurs si dans ce monde l'intransigeance n'est pas un des éléments de l'action, l'énergie du commandement la condition du succès. Quand un siècle pose un des plus grands problèmes qui puissent agiter les sociétés humaines, il ne faut pas demander aux grands esprits engagés dans la lutte des concessions ou des compromis. Les intérêts seuls se concilient, les principes se combattent. Le libéralisme intellectuel, le juste milieu, ce don de double vue

(1) *Ep. coll.* 46.

qui voit le pour et le contre de toutes choses paraîtront toujours une faiblesse ou une trahison aux apôtres qui sacrifient tout, sans s'épargner eux-mêmes, à la logique inflexible de leur dogme. Les transactions ne sont possibles qu'à ceux qui triomphent ou à ceux qui doutent, et il faut laisser au temps seul le soin de les préparer. On a accusé Grégoire des violences de la réforme. S'il était dans le rôle des princes de lutter et de se défendre, l'histoire impartiale ne peut le rendre responsable des désordres qui s'attachent à tout changement, des passions ou des intérêts vulgaires qui trop souvent se mêlent aux plus nobles causes (1).

Grégoire avait succombé dans sa lutte contre Henri IV, mais son œuvre ne fut point vaine. Par lui d'abord la Papauté atteignit tout d'un coup à une incomparable hauteur. Par lui encore l'épouse éternelle du Christ fut purifiée et rajeunie. Certes, la réforme grégorienne ne fit pas disparaître tous les abus, elle ne réussit pas à supprimer la cause première de ces abus, c'est-à-dire la thèse féodale qui attribuait à chaque évêché un seigneur, mais si elle ne put détruire le laïcisme, elle parvint du moins à en limiter les conséquences. Les élections des dignitaires ecclésiastiques devinrent libres, l'hommage et le serment féodal de l'évêque et de l'abbé furent supprimés. En dépit des rapports très complexes qui pouvaient l'unir à son suzerain, l'évêque et l'abbé ne tinrent plus leur dignité du bon plaisir du prince, leur juridiction d'une tradition conditionnelle. De cette réforme l'Eglise devait sortir plus unie et plus forte. Qu'on se demande si la société brutale de l'âge de fer eût pu, sans cette restauration religieuse, faire les croisades, donner l'essor aux premières libertés publiques, créer les ordres religieux et les universités, produire un saint Bernard.

(1) Cf. Imbart de la Tour. *Les élections épiscopales : Restauration et chute de l'ancien droit*, p. 428.

Ceux qui jugent Grégoire VII sur ses doctrines politiques oublient qu'elles n'eurent qu'une place secondaire dans son œuvre et que « s'il fut amené à revendiquer la suprématie du sacerdoce, ce fut pour garantir sa liberté ». La conception théocratique de Grégoire VII établissait sans doute entre le spirituel et le temporel une confusion qui pouvait un jour égarer ses successeurs et tourner au préjudice de la religion. Mais si cette toute-puissance qu'expliquaient les circonstances et qu'il prétendit exercer sur les gouvernements aussi bien que sur l'Eglise était un péril pour l'avenir, il faut reconnaître qu'elle fut un bienfait pour l'époque où vécut ce grand pontife. Que voulait Grégoire quand il cherchait à soumettre les princes au magistère du Saint-Siège ? la liberté des peuples, les droits de l'humanité, un frein au pouvoir absolu qui avait dégénéré en tyrannie. En se proclamant le suzerain et le souverain juge des empereurs et des rois, il se posait bien avant la Révolution en défenseur des droits de l'homme. En fait, cette magistrature de la Papauté ne permit pas seulement à l'Eglise de se libérer et de se purifier des influences délétères du siècle, elle fut encore un véritable rempart pour la défense des faibles. En sévissant contre les princes qui ne connaissaient que la force, en leur signifiant qu'ils étaient tenus d'assurer autour d'eux la justice et la paix, il rappela la royauté au sentiment de ses devoirs et la grandissant par cela même, l'aida à sortir de l'étroite sphère où l'enfermait la féodalité. Si, au siècle suivant, la société entra enfin dans des voies plus régulières, on peut dire que la première cause en fut dans l'impulsion que lui imprima Grégoire VII (1). Si la papauté put construire elle-même sous cette impulsion énergique l'édifice grandiose où la monarchie des âmes devait jusqu'à la fin du XIIIe siècle et malgré

(1) Cf. ROCQUAIN, ouvrage déjà cité, p. 71 et sq.

bien des orages abriter ses glorieuses destinées, il serait injuste de voir une usurpation dans ces progrès du gouvernement pontifical. Cette puissance fut l'œuvre de la conscience universelle et de la reconnaissance des peuples. Ce qui avait grandi ce pouvoir, c'étaient toutes les défections, toutes les petitesses des autres.

Les temps où Grégoire a vécu ne sont plus et ne reviendront plus (1). Le régime féodal qui avait confondu tous les pouvoirs et justifiait ainsi toutes les prétentions a disparu avec ses lois. Il ne reviendra plus, il ne ramènera plus la théocratie. Il ne dépend de personne de rappeler ces choses définitivement mortes, voilà ce qu'il faut rappeler bien haut, car l'histoire a aussi sa logique et aucune puissance humaine ne peut se soustraire à ses conséquences. Ce qui peut donc être humainement répréhensible dans la conduite de Grégoire, ce qui peut prêter aux soupçons et à la critique d'une époque comme la nôtre où les limites des deux pouvoirs sont si nettement tracées, fut bien moins l'erreur de ce grand Pontife que celle de son siècle. Les prétentions de Grégoire à la suzeraineté pontificale sur la couronne procédaient d'ailleurs de vues assez élevées et assez généreuses pour qu'on puisse le lui pardonner. Quoi qu'on dise, il soutint une cause juste au fond et qui commandait le respect et la sympathie. « Jamais plus peut-être l'idée de Dieu ne sera-t-elle aussi profonde dans le cœur de l'humanité (2). »

(1) Cf. JAGER, *Introduction à l'Histoire du pape Grégoire VII et de son siècle*, par J. VOIGT.

(2) IMBART DE LA TOUR.

BIBLIOGRAPHIE

SOURCES : LAMBERT DE HERSFELD. *Annales Hersfeldenses*, t. III, jusqu'en 1077.

BERNOLD DE CONSTANCE. — *Chronique* jusqu'en 1400 (t. V). — WATERIGH, *Pontificum romanorum vitæ* (notamment la vie de Grégoire VII par PAUL BERVIED : les parties les plus importantes de l'ouvrage d'un de ses plus fidèles adhérents). — BONIZO DE SUTRI, *Ad amicum*, ou *de persecutione Ecclesiæ*. — JAFFÉ, *Bibliotheca rerum Germanicarum, Monumenta Gregoriana 1865, Regesta pontificum romanorum* (pour la correspondance de Grégoire VII). — PIERRE DAMIEN. (Migne, Patrol. lat., t. CXLIV, CXLV). — HUMBERT, *traité contre les Simoniaques*. — RICHTER, *Zeittafela der deutschen Geschichte im Mittelafter*, 1881. — DABERL, *Monumenta Germania selecta*. (3e fasc. 1889.)

LIVRES : MARTENS. *Grégor. VII. Sein Leben and Nirken (Leipzig 1894)*. — LANGEN : *Geschichte der remischen Kirch*, tomes III et IV. *Gregorius : Geschichte der stadt Rome*. — GIESEBRECHT, *Geschichte-der deutschen Kaiserzeit* (t. III) 3e édit., 1869. — GEHHARDT, *Handbuch der deutschen Geschicht*, (t. I) 1891. — SCHACK, *Papst Gregorius VII and sein Zeitalter ; Geschicht der Normanenn in Sicilien*, 1889. — VOIGT, *Histoire du pape Grégoire VII et de son siècle*, trad. franc. par l'abbé Jager, 1842. — VILLEMAIN, *Histoire de Grégoire VII*, 2 vol. — GIRAUD, articles dans la *Revue des Deux Mondes*, 1879. — Abbé DELARC, *Grégoire VII et la Réforme de l'Eglise au XIe siècle* 3 vol. 1889-90. — IMBART DE LA TOUR, *Les élections épiscopales dans l'Eglise de France, du XIe au XIIe siècle*, 1891. — P. ROCQUAIN, *La cour de Rome et l'esprit de réforme*, 1893. *La papauté au Moyen-Age*, 1881.

TABLE DES MATIÈRES

324-05. — Imprimerie des Orphelins-Apprentis, F. BLÉTIT, 40, rue La Fontaine, Paris-Auteuil.

SCIENCE ET RELIGION

Études pour le temps présent. — Prix 0 fr. 60 le vol.

181 **Petites religions d'Amérique.** *Les Cures divines. Le Spiritisme*, par le baron CARRA DE VAUX, professeur à l'École libre des Hautes Études........ 1 vol.

182 **La Révolution française et l'Enseignement national (1789-1802)**, par le Chanoine Allain........ 1 vol.

183 **La Déclaration des Droits de l'Homme et la Doctrine catholique**, par J. BRUGERETTE, professeur, licencié d'histoire et de philosophie........ 1 vol.

184 **Le Pessimisme contemporain. Ses précurseurs, ses représentants, ses sources**, par l'abbé C. MANO........ 1 vol.

185 **Les Possédées de Loudun et Urbain Grandier.** *Étude historique* par I. BERTRAND........ 1 vol.

186 *La première année sainte du XIXe siècle.* **Le Jubilé de 1825.** *Étude historique*, par M. GEOFFROY DE GRANDMAISON........ 1 vol.

187 **Les Motifs d'espérer,** *Discours prononcé à Lyon le 24 novembre 1901*, par Ferdinand BRUNETIÈRE, de l'Académie française. *Édition officielle augmentée de nombreuses notes*........ 1 vol.

188-189 **Les Relations entre la Foi et la Raison,** *Exposé historique*, par M. l'abbé DE BROGLIE, *avec Préface*, par le R. P. Augustin LARGENT, professeur à la Faculté de Théologie de Paris. 2 vol. Prix........ 1 fr. 20

190-191-192 *Origines du Protestantisme*, par E. LAFFAY, docteur ès lettres. 3 vol. se vendant séparément.

I. — **L'Allemagne au temps de la Réforme**........ 1 vol.

II. — **Luther**........ 1 vol.

III. — **La Conquête Luthérienne**........ 1 vol.

193 **Les Sciences physionomiques,** *leur passé et leur présent*, par Charles GODARD........ 1 vol.

194 **La Supériorité du Christianisme,** *Coup d'œil sur les Religions comparées*, par Pierre COURBET........ 1 vol.

195 **La Formation de la Volonté,** par J. GUIBERT P.S.S. 1 vol.

196 **Les Danses macabres et l'Idée de la mort dans l'art chrétien,** par Louis DIMIER, docteur ès lettres........ 1 vol.

197 **Premiers principes d'Économie politique,** par H. RUBAT DU MÉRAC, professeur à la Faculté libre de droit de Paris........ 1 vol.

198 **L'Évocation des Morts,** par le P. A. MATIGNON, S. J. 1 vol.

199 **L'Église et le Rachat des captifs,** par Paul DESLANDRES, archiviste paléographe........ 1 vol.

200 **La Propriété foncière du clergé sous l'ancien régime et la vente des biens ecclésiastiques** pendant la Révolution, par G. LECARPENTIER........ 1 vol.

201-202 **Les Moines de l'Afrique romaine,** IIIe et IVe siècles, par le R. P. Dom BESSE, *O. S. B.* 2 vol. Prix........ **1 fr. 20.**

203 **Les Origines de l'Épiscopat,** par V. ERMONI........ 1 vol.

204-205 **L'Hypnose chez les Possédés,** par le Dr Charles HÉLOT. 2 vol. Prix........ 1 fr. 20.

206 **Premiers principes d'Économie sociale,** par H. RUBAT DU MÉRAC........ 1 vol.

207 *Questions de droit ecclésiastique et civil :* **Les Traitements ecclésiastiques,** par Lucien CROUZIL........ 1 vol.

www.ingramcontent.com/pod-product-compliance
Ingram Content Group UK Ltd.
Pitfield, Milton Keynes, MK11 3LW, UK
UKHW022131260726
13993UKWH00003B/1359